T0086730

LES AIRES PROTÉGÉES DE MANTADIA ET D'ANALAMAZAOTRA DANS LE CENTRE-EST DE MADAGASCAR / THE PROTECTED AREAS OF MANTADIA AND ANALAMAZAOTRA IN CENTRAL EASTERN MADAGASCAR

Steven M. Goodman, Marie Jeanne Raherilalao & Sébastien Wohlhauser

Association Vahatra / Madagascar National Parks
Antananarivo, Madagascar
2023

Publiée par Association Vahatra
BP 3972, Antananarivo (101), Madagascar
associatvahatra@moov.mg, malagasynature@gmail.com
&
Madagascar National Parks
BP 1424, Ambatobe, Antananarivo (103), Madagascar
contact@mnparks.mg

© 2023 Association Vahatra

© Photos et dessins par Ralf Bäcker, Ken Behrens, Johan Hermans, Olivier Langrand, Chien Lee, Madagascar National Parks (Mantadia-Analamazaotra), Jan Pedersen, Marie Jeanne Raherilalao, Achille P. Raselimanana, Haingo M. J. Rasoazanany, Voahangy Soarimalala et Simon Verlynde.

Tous droits réservés. Aucune partie de la présente publication ne peut être reproduite ou diffusée, sous n'importe quel format, ni par n'importe quel moyen électronique ou mécanique, incluant les systèmes d'enregistrement et de sauvegarde de document, sans la permission écrite de l'Association Vahatra.

All rights reserved. No part of this publication may be reproduced or transmitted, in any form or by electronic or mechanical means, including information storage and retrieval systems, without written permission of Association Vahatra.

ISBN 978-2-9579849-16

Photo de couverture : Indri adulte (*Indri indri*), photo par Ken Behrens

Cartes par Landy Holy Harifera Andriamialiranto, Madagascar National Parks

Page de couverture, conception et mise en page par Malalarisoa Razafimpahanana

La publication de ce livre a été généreusement financée par un don de la Ellis Goodman Family Foundation, Gail & Bob Loveman, Bob & Charlene Shaw, Jai Shekhawat et Adele Simmons.

Imprimerie : Précigraph, Avenue Saint-Vincent-de-Paul, Pailles Ouest, Maurice
Tirage 3000 ex.

Objectif de la série de guides écotouristiques des aires protégées de Madagascar National Parks

Ce guide a pour objectif de promouvoir l'écotourisme sur l'île et de valoriser ses richesses environnementales à travers ses aspects culturels et naturels. Les parcs et réserves de Madagascar abritent une remarquable diversité de plantes et d'animaux exceptionnels, tous uniques à notre planète. Au gré des lignes de ce guide, nous souhaitons vous donner un aperçu de l'importance que représente cette biodiversité précieuse et qui nécessite une attention soutenue pour sa préservation. Vos visites dans ces sanctuaires vous permettront à coup sûr des découvertes extraordinaires et vous offriront l'opportunité de participer à la défense d'une grande cause : la préservation de notre patrimoine naturel. For Life !

> Madagascar National Parks
> Antananarivo, Madagascar

Objective of the ecotourism guide series of Madagascar National Parks protected areas

This guide book aims through cultural and environmental aspects of the parks and reserves of Madagascar, the enhancement of its natural resources and the expansion of ecotourism on the island. These protected areas hold a great diversity of rather remarkable plants and animals, many of which are unique to our planet. Through this book, we want to inform you about these sites and give you an idea of the importance that this globally unique biodiversity represents, which needs constant attention for its preservation. Your visits will certainly result in extraordinary discoveries and offer you the opportunity to participate in the defense of a great cause, that is to say the preservation of our natural heritage. For Life!

> Madagascar National Parks
> Antananarivo, Madagascar

Cet ouvrage est dédié aux illustres bâtisseurs du réseau d'aires protégées de Madagascar, dévoués à l'honorable mission de conservation et de protection de la biodiversité unique de Madagascar et qui ont consacré des années de leur vie à créer et prendre soin de ces joyaux. Aujourd'hui, davantage d'efforts doivent être déployés pour assurer la sauvegarde de nos parcs et réserves, derniers vestiges du patrimoine naturel de l'île pour les générations futures. Cet ouvrage symbolise les efforts de nombreux défenseurs de l'environnement et de leur engagement immuable à valoriser les aires protégées de Madagascar.

To the great founders of the protected areas of Madagascar, who have devoted years to building and maintaining this system and honoring the mission of the conservation and protection of Madagascar's unique biodiversity. Representing the island's natural heritage for future generations, more effort must be made to promote the safeguarding of our parks and reserves. The contents of this book symbolize the work of many conservationists and draws on above all the continuous efforts aiming to enhance the value of Madagascar's protected areas.

(Photo par Ralf Bäcker / Photo by Ralf Bäcker.)

TABLE DES MATIÈRES / TABLE OF CONTENTS

PRÉFACE

La mission de Madagascar National Parks est d'établir, de conserver et de gérer de manière durable, un réseau national de parcs et réserves représentatifs « des joyaux » de la biodiversité et du patrimoine naturel propres à la Grande Ile.

PREFACE

The mission of Madagascar National Parks is to establish, conserve, and manage in a sustainable manner, a national network of parks and reserves representative "of the jewels" of biodiversity and natural heritage specific to the Grande Ile.

REMERCIEMENTS

ACKNOWLEDGMENTS

La collection « Guides écotouristiques des aires protégées », dont cet ouvrage est le second de la série, est le fruit de nos recherches, ainsi que de celles d'autres chercheurs et naturalistes qui ont exploré et documenté les étonnants animaux et plantes de Madagascar. Ce guide, écrit en collaboration avec Madagascar National Parks, a pour objectif de promouvoir la visite des aires protégées de l'île par les écotouristes nationaux et internationaux. De plus, nous espérons que cette série sera utile pour les élèves malgaches du primaire et du secondaire, comme une fenêtre sur leur remarquable patrimoine naturel.

Une partie du texte est une adaptation d'un ouvrage que nous avons récemment publié sur les aires protégées de Madagascar. Les recherches et la rédaction de ce livre ont été soutenues par une subvention du Fonds de partenariat pour les écosystèmes critiques (CEPF). Le CEPF est une initiative conjointe de l'Agence Française de Développement, de Conservation International, de l'Union européenne, du Fonds pour l'Environnement Mondial, du gouvernement du Japon et de la Banque Mondiale, dont l'objectif fondamental est d'assurer l'engagement de la société civile dans la conservation de la biodiversité.

Nous souhaitons également remercier la Fondation de la famille Ellis Goodman pour son généreux don destiné à la réalisation de cet ouvrage, ainsi que les importantes contributions financières de Gail et Bob Loveman, Bob et Charlene Shaw, Jai Shekhawat, et Adele Simmons. Leur généreux soutien est la preuve évidente de

The series "Ecotourism guides to protected areas", for which this book is second to be published, is the product of the authors' years, as well as hundreds of other researchers and naturalists, exploring Madagascar and learning about and documenting its remarkable plants and animals. This current book, which has been written in collaboration with Madagascar National Parks, aims to enhance visits of national and international ecotourists to the island's protected areas. Further, we hope the series will be useful for Malagasy primary and secondary school students, as a window into their remarkable natural patrimony.

A portion of the text presented herein is derived from a recent book we edited on the terrestrial protected areas of Madagascar. The research and writing phases of that book were supported by a grant from Critical Ecosystem Partnership Fund (CEPF). The CEPF is a joint initiative of l'Agence Française de Développement, Conservation International, European Union, Global Environment Facility, Government of Japan, and World Bank. A fundamental goal of CEPF is to ensure civil society is engaged in biodiversity.

We would like to thank the Ellis Goodman Family Foundation for a generous donation to produce this book, as well as important financial contributions from Gail and Bob Loveman, Bob and Charlene Shaw, Jai Shekhawat, and Adele Simmons. The kind support of these individuals is a clear indication of

leur engagement à promouvoir l'écotourisme et, de fait, à participer conjointement à la conservation des habitats naturels restants et au développement économique du peuple Malagasy.

Les nombreuses personnes, qui ont contribué à la rédaction pour les deux aires protégées présentées dans ce guide, sont citées et remerciées à la fin de chapitre de chaque aire protégée. Les photographes suivants (par ordre alphabétique) nous ont permis d'utiliser gracieusement leurs splendides images : Ralf Bäcker, Ken Behrens, Johan Hermans, Olivier Langrand, Chien Lee, Madagascar National Parks (Mantadia-Analamazaotra), Jan Pedersen, Marie Jeanne Raherilalao, Achille P. Raselimanana, Haingo M. J. Rasoazanany, Voahangy Soarimalala et Simon Verlynde. Pour l'identification des espèces photographiées, nous remercions : Owen Griffiths (escargots), Hannah Wood et Charles Griswold (araignées) et Achille P. Raselimanana (amphibiens et reptiles).

Malalarisoa Razafimpahanana a assuré le design, la conception et la mise en page de ce guide ; comme durant les 25 années de collaboration passées, nous saluons son attention et soin du détail.

Nous sommes particulièrement enchantés de la collaboration avec Madagascar National Parks et reconnaissants pour les apports au texte de la part des collaborateurs suivants : Ollier D. Andrianambinina, Mark Fenn, Lalatiana O. Randriamiharisoa, Hery Lala Ravelomanantsoa et Hery Sylvio Razafison ; nous tenons à remercier particulièrement Landy Andriamialiranto qui a assuré la production des cartes détaillées.

their interest in advancing ecotourism on Madagascar, the conservation of the island's remaining natural places, and the economic development of the Malagasy people.

A number of individuals contributed to the texts for the two protected areas presented herein and they are acknowledged at the end of each of the respective site sections. We wish to recognize the photographers that allowed us to produce their splendid images here and these include in alphabetic order by family name Ralf Bäcker, Ken Behrens, Johan Hermans, Olivier Langrand, Chien Lee, Madagascar National Parks (Mantadia-Analamazaotra), Jan Pedersen, Marie Jeanne Raherilalao, Achille P. Raselimanana, Haingo M. J. Rasoazanany, Voahangy Soarimalala, and Simon Verlynde. For identification of certain photos, we are grateful to Owen Griffiths (snails), Hannah Wood and Charles Griswold (spiders), and Achille P. Raselimanana (amphibians and reptiles).

Malalarisoa Razafimpahanana was responsible for the design of the book and its typesetting, and, as over the past 25 years working together, we are grateful for her careful attention to detail.

At Madagascar National Parks, we acknowledge the collaboration and input into this text from Ollier D. Andrianambinina, Mark Fenn, Lalatiana O. Randriamiharisoa, Hery Lala Ravelomanantsoa, and Hery Sylvio Razafison. From that same organization, we are grateful to Landy Andriamialiranto for producing the fine maps presented herein.

INTRODUCTION

Dans ce guide de poche, nous présentons deux aires protégées gérées par Madagascar National Parks (https://www.parcs-madagascar.com/) et situées dans le Centre-est de Madagascar (Figure 1). Ces sites englobent la biodiversité représentative des forêts sempervirentes humides de moyenne altitude de l'île, dont le site extrêmement visité d'Analamazaotra, où diverses espèces de lémuriens sont familiarisées aux visiteurs, et le massif de Mantadia, qui permet aux écotouristes de découvrir un écosystème forestier malgache largement intact et toutes ses splendeurs. Ces deux sites, souvent appelés Parc National d'Andasibe-Mantadia, sont deux aires protégées distinctes officiellement dénommées Parc National d'Analamazaotra et Parc National de Mantadia, mais administrées par le même bureau de Madagascar National Parks près d'Andasibe (Périnet). Les deux parcs sont à proximité de Moramanga et proches de la route nationale reliant Antananarivo (Tananarive) à la ville côtière de Toamasina (Tamatave). Les touristes intéressés par la nature pourront s'émerveiller devant la complexité écologique et la beauté naturelle de cette région fascinante de Madagascar. Cette découverte est facilitée par l'accès routier aisé et grâce à une offre en guides locaux compétents parlant diverses langues européennes et une gamme d'hébergements locaux, faisant de chaque séjour dans la région une expérience mémorable.

INTRODUCTION

In this pocket guide, we present two protected areas managed by Madagascar National Parks (https://www.parcs-madagascar.com/) in central eastern Madagascar (Figure 1). These sites encapsulate the biotic diversity of the medium altitude moist evergreen forests of the island and include the extensively visited Analamazaotra, where a range of lemur species are well habituated to visitors, and the forests of Mantadia, a place ecotourists can experience a largely untouched Malagasy forest ecosystem and all of its splendors. These two protected areas known officially as Analamazaotra National Park and Mantadia National Park, often called Andasibe-Mantadia National Park, but they are separate protected areas and both administrated by the same office of Madagascar National Parks near Andasibe (Périnet). Both parks are relatively close to Moramanga and near the main road linking Antananarivo (Tananarive) to the coastal city of Toamasina (Tamatave). Tourists visiting this fascinating portion of Madagascar and interested in the natural world will be able to discover and marvel at the regional ecological complexity and beauty, and these aspects superimposed on easy road access, excellent local guides speaking many different European languages, and a range of local accommodations, making a stay in the area a memorable experience.

In general, the climate of central eastern Madagascar at mid-altitudes is marked by distinct seasons, a

Le climat des altitudes moyennes du Centre-est de Madagascar est marqué par deux saisons distinctes : relativement sec et frais de juin à août avec des températures s'abaissant à 8 °C la nuit, et humide et chaud de décembre à février avec des températures dépassant 30 °C, suivi d'une période de transition en mars-avril. Durant la saison humide, l'augmentation des précipitations, souvent associée au passage de dépressions tropicales, peut provoquer des crues et ainsi générer quelques complications logistiques, mais ces épisodes cycloniques n'ont lieu qu'une fois tous les dix ans et les visiteurs ne devraient pas s'en inquiéter. Vu les précipitations régulières durant la saison des pluies et l'activité maximale des animaux forestiers, la meilleure période pour visiter ces deux sites s'étale de mi-novembre à fin janvier, si possible.

Les deux sites, Mantadia et Analamazaotra, sont facilement accessibles et disposent de vastes réseaux de sentiers et d'infrastructures à proximité (hôtels et restaurants) pour tous les budgets. Ces aires protégées sont des endroits captivants méritant des séjours de quelques jours à partir d'un hôtel à Andasibe, mais une simple escale contentera également les voyageurs entre Antananarivo et Toamasina. Il n'y a pas de compagnies aériennes qui desservent cette région et l'accès se fait uniquement par route. Selon l'heure du départ, les 140 km entre Antananarivo et Andasibe prennent entre 3 et 4 heures, mais un départ avant les embouteillages, généralement dès 6 h du matin, permet de réduire la durée du voyage.

relatively dry and cool period from June to August with average daily temperatures dropping at night to 8°C (45°F), a wetter and warmer period from December to February with temperatures that can climb to more than 30°C (86°F), and a transitional period from March to April. During the wet season, increased rainfall often associated with passing tropical depressions and cyclones can create local flooding and some logistic complications; visitors should not be too concerned about this aspect, which occurs once in a decade or so. Given the period of maximum activity of forest animals and the notably constant precipitation during the rainy season, we suggest, when possible, that the best time to visit these two sites is from mid-November to late January.

Both Mantadia and Analamazaotra are easily accessible and with extensive trail systems and nearby infrastructure (hotels and restaurants) across different price ranges. These protected areas are intriguing places to plan a several day visit based in a hotel in Andasibe or a stop-over point for travelers driving between Antananarivo and Toamasina. There is no commercial air company serving this portion of Madagascar and access is via motor vehicle. Depending when one leaves Antananarivo along RN2 (Route nationale) to drive the 140 km to Andasibe, the trip is about 3 to 4 hours. The key to shorten the road travel time is to leave Antananarivo before heavy traffic, which on the average day starts after 6:00 a.m. Toamasina is also a bustling city with considerable morning traffic jams and

Toamasina est également une ville animée avec des embouteillages considérables le matin et il est aussi préférable d'en partir tôt pour parcourir les 215 km jusqu'à Andasibe qui prennent entre 4 et 5 heures.

Certains textes de ce guide ont été extraits et adaptés d'un ouvrage bilingue (français-anglais) en trois tomes sur les aires protégées terrestres de Madagascar publié par les mêmes auteurs et disponible auprès de l'Association Vahatra (http://www.vahatra.mg/indexeng. html) ou en format e-book https:// press.uchicago.edu/ucp/books/ publisher/pu3431914_3431915.html) séparément en français ou en anglais. De plus, d'autres informations sur les deux aires protégées présentées ci-après peuvent être trouvées sur le portail des aires protégées de Madagascar (https://protectedareas. mg/) en anglais, français et Malagasy, ainsi qu'un nombre considérable de documents pdf couvrant un large éventail de sujets sur les aires protégées terrestres de l'île. Les visiteurs de ces deux aires protégées qui observent des espèces précédemment non-documentées dans l'un des sites peuvent, à travers un programme de « science citoyenne », télécharger leurs observations sur une page dédiée (https://protectedareas. mg/species/contribute) et, une fois celles-ci validées par des spécialistes, leurs observations seront ajoutées à la liste des espèces propres à chacun des sites. Ainsi, tous les visiteurs peuvent contribuer à la connaissance de ces deux sites, qu'ils soient des ornithologues avertis, des écotouristes occasionnels ou des guides locaux.

the same suggestion is made to leave that city early to travel the 215 km to Andasibe, which takes 4 to 5 hours.

Ecotourists visiting the two sites presented herein will be able to see firsthand and understand the intricacies of conservation programs on Madagascar and the actions of Madagascar National Parks to protect the island's natural patrimony, including collaboration with local populations to advance these goals. When viewing the natural wonders of these protected areas, please keep in mind that the majority of the organisms you will encounter are restricted to Madagascar (endemic) and many to central eastern Madagascar (microendemic). At the end of the book, we provide definitions of terms used herein, particularly those that might not be familiar to some readers.

Portions of this text have been extracted and modified from a bilingual (French-English) three-volume book on the terrestrial protected areas of Madagascar published by the same authors and available from Association Vahatra in Antananarivo (http://www.vahatra. mg/indexeng.html) or as separate French and English e-books (https:// press.uchicago.edu/ucp/books/ publisher/pu3431914_3431915.html). Further, other details on the two sites presented herein can be found on the Madagascar Protected Areas portal (https://protectedareas.mg/) in English, French, and Malagasy, including a considerable number of pdf documents that can be downloaded free of charge and covering a variety of subjects on the terrestrial protected areas of the island. Visitors to the two protected

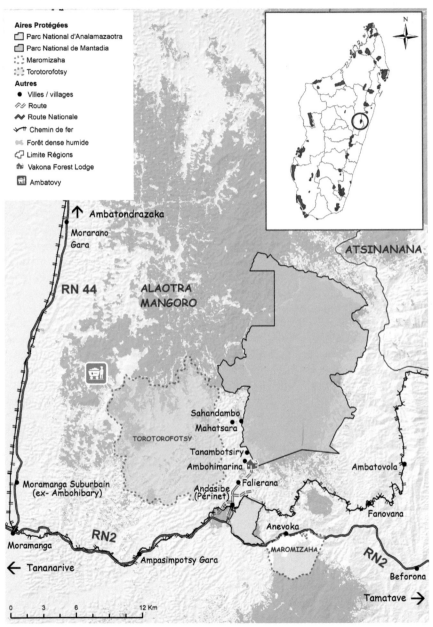

Aires Protégées
- Parc National d'Analamazaotra
- Parc National de Mantadia
- Maromizaha
- Torotorofotsy

Autres
- Villes / villages
- Route
- Route Nationale
- Chemin de fer
- Forêt dense humide
- Limite Régions
- Vakona Forest Lodge
- Ambatovy

Figure 1. Carte du Centre-est de Madagascar, de la localisation des deux aires protégées abordées dans ce guide, des routes d'accès et des villes et villages cités dans le texte. /
Figure 1. Map of central eastern Madagascar and the location of the two protected areas covered in this book, as well as access roads and towns mentioned in the text.

Arrivée et visite des sites

Après leur arrivée au bureau d'accueil de l'aire protégée, qui, pour ces deux sites, est le même bureau de Madagascar National Parks situé peu avant Andasibe sur la route secondaire depuis la RN2 (Route nationale) (Figure 1), les visiteurs devront s'acquitter des droits d'entrée (payables uniquement en monnaie locale) ; les tarifs dépendent du site, des zones visitées, de l'âge des visiteurs et de leur nationalité (étrangère ou Malagasy). Ces droits assurent une contribution conséquente aux coûts opérationnels de Madagascar National Parks et représentent ainsi la participation essentielle de chaque visiteur à la protection de la biodiversité Malagasy et au développement socio-économique des communautés vivant aux alentours des aires protégées. Après le calcul du montant des droits d'entrée, l'agent d'accueil délivre les tickets et le reçu correspondant ; il est conseillé de garder ceux-ci accessibles au cours de la visite, car, sur certains sites, le personnel de Madagascar National Parks, positionné sur les sentiers, est susceptible de les contrôler. Pour les visiteurs dont l'objet de la visite est professionnel, par exemple prise de photographies ou tournage de films ou documentaires, le système de tarification de droits d'entrée est différent et ceux-ci devront s'informer au bureau d'accueil ou au siège de Madagascar National Parks à Antananarivo, situé à proximité du Lycée français de Tananarive dans le quartier d'Ambatobe, ou contacter info@madagascar.national.parks. mg ou contact@mnparks.mg. Les

areas covered herein and observing species previously unknown to a site, can via a "citizen science" program upload details of their observations to a website (https://protectedareas.mg/species/contribute) and once validated by specialists will be added to the local species lists. In this manner, visitors of different sorts, ranging from hard-core bird watchers to causal ecotourists and local guides can contribute to what we know about these two sites.

Arrival and site visits

After your arrival at the protected area's reception office, which, for these two sites, is the same office of Madagascar National Parks located shortly before Andasibe on the secondary road from the RN2 (National road) (Figure 1), the visitors must pay entrance fees (payable only in local currency); the rates depend on the site, the areas visited, the age of the visitors and their nationality (foreign or Malagasy). These entrance costs ensure a significant contribution to the operational costs of Madagascar National Parks and thus represent the essential participation of each visitor in the protection of Malagasy biodiversity and the socio-economic development of communities living around protected areas. After calculating the amount of the entrance fees, the receptionist issues the tickets and the corresponding receipt; it is advisable to keep these accessible during the visit, because, on certain sites, the staff of Madagascar National Parks, positioned on the paths, might ask to see them. For visitors whose purpose of the visit is professional, for example

billets d'entrée peuvent également être achetés à l'avance au bureau de Madagascar National Parks à Ambatobe.

Pour les deux aires protégées, Mantadia et Analamazaotra, il est **obligatoire d'engager des guides locaux pour la visite**. Ces guides, généralement originaires des villages environnants, ont des connaissances substantielles sur la nature, les aspects culturels et le réseau de sentiers et ont été formés pour apporter aux visiteurs des informations détaillées sur l'aire protégée, sa flore et sa faune. Parmi les guides, beaucoup parlent différentes langues européennes, et si vous souhaitez un guidage autre qu'en français ou en anglais, veuillez le demander au bureau d'accueil. Les tarifs de guidage s'ajoutent aux droits d'entrée et dépendent de la durée de la visite dans l'aire protégée, des circuits prévus et du nombre de visiteurs dans le groupe. Il est prudent de vérifier les tarifs de guidage affichés dans le bureau d'accueil avant de définir et valider les détails avec le guide engagé.

Il est important de préciser que la fréquentation touristique est saisonnière, en particulier dans les aires protégées, et que les montants versés aux guides sont une part conséquente de leur revenu annuel et que cela participe au développement de l'économie locale, tout en matérialisant la contribution de l'aire protégée au développement économique. Dans le cas où les visiteurs sont satisfaits de leur visite, il est également coutumier de donner un pourboire. **Le règlement destiné aux visiteurs** est affiché dans le bureau

taking photographs or filming films or documentaries, the pricing system for entrance fees is different and they must inquire at the reception desk or at the headquarters of Madagascar National Parks in Antananarivo, located near the Lycée français de Tananarive in the Ambatobe neighborhood, or contact info@madagascar.national.parks.mg or contact@mnparks.mg. Entrance tickets can also be purchased in advance at the Madagascar National Parks office in Ambatobe.

In both the Analamazaotra and Mantadia protected areas, it is **obligatory for visitors to engage local guides** for site visits. Most of these guides come from surrounding communities, have considerable knowledge on the local natural history, cultural aspects, and trail systems, and have been trained to provide visitors with details on the protected area and its flora and fauna. In the local pool of guides, many speak different European languages, and if you have a preference other than French and English, please ask at the reception office. Guiding costs are over and above the entrance fees and depend on the time to be spent on a given day at the site, circuits to be followed, and the number of people in the group. Best to verify guiding fees posted at the reception office before setting out and confirm the arrangements with the person engaged.

It is important to point out that in general the period tourists visit Madagascar, specifically protected areas, is very seasonal and the fees guides receive for their services form an important portion of their annual income. Further, your visit

d'accueil de Madagascar National Parks et il est vivement recommandé de s'imprégner de ces éléments d'attention avant la visite. Il est interdit d'amener des animaux de compagnie dans les aires protégées.

Il est fortement conseillé aux visiteurs d'emporter une quantité suffisante d'**eau potable**, au moins 1 litre par personne par jour. Il est également recommandé, selon le site et la saison, de prévoir **chapeau, crème solaire, anti-moustique et imperméable**. Pour ceux qui envisagent une excursion de nuit pour observer les animaux nocturnes, qui devront impérativement se faire en-dehors des deux aires protégées, il est recommandé de prévoir une lampe-torche par personne ; pour de telles visites, des conseils détaillés sont présentés dans la partie « Faune » d'Analamazaotra. Pour les visiteurs plus aguerris, il est recommandé d'emporter des jumelles, afin d'observer plus en détail les animaux rencontrés, un appareil photo pour documenter les observations et divers guides de terrain concernant Madagascar (par exemple les oiseaux, les mammifères ou les libellules) pour vérifier certains critères d'identification des espèces ; ces divers accessoires représentent un atout considérable pour magnifier la contemplation des merveilles de ces aires protégées.

De plus, il est essentiel de garder à l'esprit que certains groupes d'animaux ont une **activité saisonnière marquée et que, durant la saison fraîche et sèche, ces animaux sont difficiles à trouver** ; c'est par exemple le cas de la plupart des batraciens, certains petits mammifères

helps to advance the local economy and create a clear association between conservation and economic development. In cases when visitors are satisfied with their guide's services, it is customary to give a tip. At the Madagascar National Parks reception office are posted the **rules for visitors** and it is strongly recommended that you familiarize yourself with these important points. It is forbidden to bring domestic pets into protected areas.

It is strongly suggested for visitors to have sufficient **drinking water** with them, at least 1 liter per person for a day visit. In addition, it is important for visitors to carry a **sunhat, mosquito repellent, sunscreen**, and **rain gear**. For those wishing to conduct a night walk to see nocturnal animals, which needs to be done outside these two protected areas, a flashlight (torch) for each person is important, and the details are presented on such visits in a text below under "Fauna" for Analamazaotra. We also recommend for visitors with special interests in natural history to bring along binoculars to examine in closer detail organisms observed along the trails, cameras to archive what you have seen, and different field guides available for Madagascar (for example, birds, mammals, or dragonflies) to verify details on species identification; these different items will allow a greater appreciation of the natural curiosities of these two protected areas.

Please keep in mind that different animal groups are **seasonally active**, which include, for example, most species of frogs, some small mammals, and several species of lemurs; **during the cooler dry**

et plusieurs espèces de lémuriens. Ainsi, il est préférable, quand cela est possible, de prévoir votre visite dans les aires protégées présentés dans ce guide durant la période préconisée pour chacun d'entre eux.

Bonnes pratiques en forêt et dans les aires protégées

Afin de ne pas déranger les animaux pour les observer au plus près, il est conseillé de marcher le plus discrètement possible en forêt, à voix basse et, bien évidemment, sans musique. De même, il est préférable de rester en groupe relativement compact juste derrière le guide. Il est aussi important de **rester sur les sentiers existants**, à moins de s'écarter de quelques pas afin d'observer plus près ou photographier quelque chose. Il est primordial que tous les visiteurs **respectent les tabous locaux** (*fady* en Malagasy) propres à chaque aire protégée ; les guides préviennent les visiteurs sur ce qui est interdit ou non.

Sans une autorisation spéciale octroyée par les autorités du pays, il est **strictement interdit par la loi de récolter des plantes et des animaux** dans les aires protégées, ainsi que, pour les visiteurs, de capturer et manipuler des animaux. Les guides peuvent capturer certains animaux (par exemple des amphibiens et des reptiles) afin de les observer au plus près ou pour les photographier, mais **ceux-ci seront relâchés par le guide à l'endroit de leur prélèvement**. Etant donné la découverte de la **chytridiomycose** à Madagascar, il est fortement recommandé aux visiteurs

season, **some of these animals are difficult to find**. Hence, it is best, when possible, to plan your visit to the protected areas covered in this book during the appropriate period, which are presented below under each national park.

Good manners in the forest and in protected areas

In order not to disturb wild animals living in these protected areas and to be able to observe them in close proximity, please be as quiet as possible when walking through the forest, with low voices and, of course, no music playing. Also, best to remain in a relatively close group just behind your guide. It is also important to **stay on established trails**, other than to venture a short distance to observe or photograph something more closely. It is critical that all visitors **follow local taboos** (*fady* in Malagasy) associated with each protected area – your guide will explain these to you and what you can and should not do.

Without a special permit from the national authorities, it is **strictly forbidden by law to collect plants and animals** in a protected area, as well as for tourists to trap and handle animals. Your guide may capture different animals (for example, amphibians and reptiles) for closer viewing and photographing, but these **must be returned to the place of capture**. As the presence of **chytrid fungus**, a disease that is impacting frog populations in certain tropical countries, has been found on Madagascar, and is spread by

arrivant à Madagascar de désinfecter leurs bottes et équipements avant de traverser les zones humides afin de réduire le risque de propagation du champignon ; cette maladie, qui décime les batraciens dans plusieurs zones tropicales, est disséminée par les équipements utilisés dans des eaux infectées par le champignon chytride (lac, marais, ruisseaux et rivières). L'attitude indispensable est de **témoigner un absolu respect** pour les merveilles observées dans ces aires protégées, car tous ces organismes sont uniques à notre planète et pour, beaucoup d'entre elles, ne peuvent être trouvées que dans le Centre-est de Madagascar.

Profitez de votre visite et partez à la découverte des merveilles des deux aires protégées présentées dans ce guide !

contaminated equipment used in water (lakes, marshes, streams, and rivers) elsewhere in the world where the fungus is present, it is strongly suggested that travelers arriving in Madagascar disinfect their boots or other gear before entering water bodies to reduce the risk of spreading the fungus. The key general concept is to **show complete respect** for the natural wonders you will see in these two protected areas, just about all of these organisms are unique to our planet, and in many cases can be found only in central eastern Madagascar.

Enjoy your visit and discovering the wonders of the two protected areas covered in this book!

MANTADIA

Noms : Parc National de Mantadia, nom abrégé : Mantadia (voir https://www.parcs-madagascar.com/parcs/mantadia.php pour plus de détails).

Catégorie UICN : II, Parc National.

Généralités : Cette aire protégée, gérée par Madagascar National Parks (MNP), est un joyau avec ses forêts intactes à courte distance, en voiture, du village d'Andasibe (Périnet) (Figure 2). Ce site est l'endroit idéal pour **découvrir les merveilles naturelles** de cette partie de Madagascar grâce à un **réseau de sentiers bien entretenus**, qui parcourt un **éventail d'habitats de forêt sempervirente humide** de moyenne altitude. Cette aire protégée d'environ 15 480 hectares présente une topographie accidentée de crêtes et de ravines avec un entrelas de rivières et ruisseaux dans les bas-fonds. Ce réseau de cours d'eau, dont le couvert forestier garantit la recharge en eau, est à la source de plusieurs bassins-versants du Centre-est de Madagascar qui assurent la survie de nombreuses communautés dans les régions environnantes. Sa faune vertébrée forestière typique compte 82 espèces d'amphibiens et de reptiles, 106 espèces d'oiseaux et un large éventail de mammifères, dont 12 espèces de lémuriens. Ainsi, une visite dans ce site récompensera assurément les visiteurs passionnés par la nature et les randonnées en forêts.

Mantadia est dominé par le **climat humide de l'Est** avec des températures quotidiennes moyennes

MANTADIA

Names: Parc National de Mantadia, short name – Mantadia (see https://www.parcs-madagascar.com/parcs/mantadia.php for further details).

IUCN category: II, National Park.

General aspects: This site is under the management of Madagascar National Parks and forms a jewel with notably intact forest habitat a short driving distance to the village of Andasibe (Périnet) (Figure 2). The site and its **well-managed trail system**, passing through a **range of forested habitats**, mostly medium altitude moist evergreen forest, is an ideal place where ecotourists can **experience the natural wonders** of this portion of Madagascar. This protected area of about 15,480 hectares has a somewhat rugged landscape and topography, comprising ridges and ravines, and in the low-lying areas a continuous network of streams and rivers. These waterways, which depend on natural forest cover to retain and discharge water, form the hydrological sources for several watersheds of central eastern Madagascar and the lifeline for many people of the region. With its distinct diverse forest-dwelling vertebrate fauna, which includes 82 species of amphibians and reptiles, 106 species of birds, and a broad assortment of mammals, including 12 species of lemurs, a visit to the site is certain to be rewarding for those interested in nature and walks in the forest.

This protected area is dominated by the **humid climate of the east** with average daily temperatures ranging between 15.1°C and 23.2°C (59.0°F

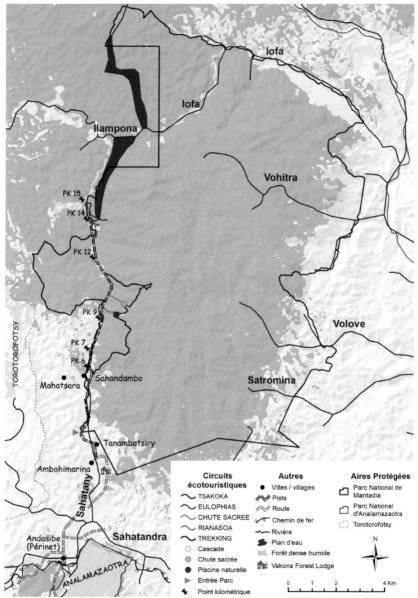

Figure 2. Carte de l'aire protégée de Mantadia, des accès routiers, du réseau de sentiers, des différentes infrastructures et des villes et villages environnants mentionnés dans le texte. Le long de la route à l'extrémité ouest du parc, orientées nord-sud, les distances sont marquées par des références kilométriques (point kilométrique ou PK). / **Figure 2.** Map of the Mantadia protected area, road access, the trail system and different types of infrastructure, and surrounding towns and villages mentioned in the text. Along the road at the western edge of the park, oriented north-south, distances are marked using a kilometer system ("point kilométrique" or PK).

entre 15,1 °C et 23,2 °C. La saison chaude, de décembre à février, affiche des températures atteignant 29,1 °C, alors que durant la saison froide, de juin à août, celles-ci sont nettement plus basses ; des périodes de transition (ou intersaisons) se situent entre chacune de ces deux périodes. La pluviométrie annuelle est en moyenne de 1633 mm, dont 73 % tombent entre novembre et avril. La **période idéale pour visiter ce site est entre novembre et janvier**, lorsque l'activité de la faune est à son maximum et que de nombreuses plantes sont en fleurs ou en fruits.

Mantadia est située sur des roches-mères précambriennes et ignées ; les sols y sont très altérés, acides et relativement riches en fer et en aluminium.

Aspects légaux : Création - basé sur le Décret n° 89-011 du 11 janvier 1989. Ses limites ont été étendues en 2002 sur la base du Décret n° 2002-790 du 07 août 2002.

Accès : Ce site est accessible par la route à partir du village d'Andasibe, situé à 30 km à l'est de Moramanga à l'écart de la RN2 (Route nationale). L'entrée principale de Mantadia se trouve après 15 km au nord d'Andasibe. Les derniers kilomètres de cette route peuvent être difficiles, en particulier pendant la saison des pluies où le site sera plus facilement accessible avec un véhicule tout-terrain. La piste d'accès longe le versant ouest de Mantadia selon un axe sud-nord et traverse l'aire protégée par endroits ; elle est équipée d'un système de repères, dits PK ou points kilométriques, qui commence au PK 0

and 73.4°F). The warm season is from December to February, with peak temperatures over 29.1°C (84.4°F), and the cold season is from June to August, with average temperatures being distinctly lower. The other months of the year are those of transition between these two seasons. Average annual rainfall is around 1633 mm (64.3 inches), 73% falling between November and April. The **ideal period for a visit to the site is between November and January**, when in general animal activity reaches a maximum and many plants are in flower or fruit.

Mantadia rests on Precambrian and igneous rocks. Soils in this protected area are highly weathered, acidic, and with relatively high abundances of iron and aluminum.

Legal aspects: Creation – based on Decree No. 89-011 of 11 January 1989; its boundaries were extended in 2002 based on Decree No. 2002-790 of 7 August 2002.

Access: This site is accessible by road from the village of Andasibe, which is located 30 km (18.6 miles) to the east of Moramanga and off RN2 (Route nationale). The principal entrance to Mantadia is about 15 km (9.3 miles) north of Andasibe. The last few kilometers of this road can be difficult, particularly during the wet season and when the site is best accessed with a four-wheel drive vehicle. The main road passing into the protected area, which is orientated along a north-south axis and close to the western limit of the park, is delineated based on kilometer distances or "pointe kilométrique" (PK). The system starts with PK 0, which is at the old graphite

à environ 8 km au nord d'Andasibe au niveau de l'ancienne mine de graphite près de la bifurcation vers le Vakona Forest Lodge (Figure 2). Les modalités de visite (entrée et guide local) sont à organiser au bureau d'accueil de Madagascar National Parks d'Analamazaotra situé 2,5 km au sud d'Andasibe.

Infrastructures locales : Les infrastructures de gestion du Parc National de Mantadia incluent le bureau administratif principal au sud d'Andasibe (Figure 3), deux postes de garde (Sahandambo et Fanovana) et une barrière de contrôle sur la piste principale à Tanambaotsiry peu après le village de Mahatsara. Le village d'Ambohimarina, qui comprend les bâtiments de service du Vakona Forest Lodge et l'usine de traitement de la mine de graphite, désormais fermée, se trouve sur la route avant l'entrée de l'aire protégée. Pour les visiteurs souhaitant entrer dans le parc dès l'ouverture officielle à 8 h pour une visite matinale, lorsque les animaux diurnes sont les plus actifs, il est suggéré de passer la nuit dans un hôtel d'Andasibe ou dans les environs et d'organiser la visite la veille au bureau d'accueil de Madagascar National Parks (voir ci-dessus) pour l'achat des billets d'entrée et l'engagement du guide local et de prévoir un rendez-vous avec celui-ci vers 7 h du matin à Mantadia afin d'être prêts à la porte d'entrée à son ouverture officielle à 8 h. Une alternative est de passer la nuit sur un des sites de camping du parc, à condition que les visiteurs soient équipés de leurs matériels de camping et cuisine et que leur

mine and in close proximity of the road bifurcation towards the Vakona Forest Lodge, approximately 8 km (5 miles) north of Andasibe (Figure 2). Arrangements to enter the park and obtaining a local guide need to be made at the Madagascar National Parks office near the entrance of Analamazaotra and located 2.5 km (1.5 miles) south of Andasibe.

Local infrastructure: Management infrastructure of the Mantadia National Park includes the main administrative office just south of Andasibe (Figure 3), two guard posts (Sahandambo and Fanovana), and a control barrier not far from the village of Mahatsara at a locality known as Tanambotsiry. The village and building infrastructure associated with the Vakona Forest Lodge and the now closed graphite mine processing plant known as Ambohimarina is found on the road before the entrance into the protected area. For visitors wishing to enter the park for morning visits when it opens at 8 a.m., the period diurnal animals are notably active, it is suggested to spend the night at a hotel in or around Andasibe, buy entrance tickets the day before entering the park at the Madagascar National Parks office (see above), and organize an early morning meeting, say 7 a.m. or so, with the engaged guide to arrive at the entrance gate when it opens at 8 a.m. Alternatively, there are camping sites within the park where one can spend the night, but visitors need to bring all camping and cooking supplies, and have someone from Madagascar National Park, presumably the designated guide, organize the different arrangements. If visitors

séjour soit organisé par une personne désignée par Madagascar National Parks (souvent un guide local) ; il est nécessaire de clarifier tous les détails du bivouac au bureau d'accueil du parc au préalable.

A Mantadia, le réseau pédestre comprend cinq sentiers touristiques (Figure 2) ponctués d'aires de repos/ pique-nique et de points de vue : le circuit Rianasoa, long de 2 km, qui démarre au PK 9 ; le circuit Chute Sacrée, de 2 km, qui démarre au PK 10 (Figure 3) ; le circuit Tsakoaka, de

decide to camp, best to discuss all of the associated details at the main park office.

At Mantadia, there are **five tourist trails** (Figure 2) with occasional resting / picnic areas and look-out points and these include 1) circuit Rianasoa, starting at PK 9 and 2 km [1.2 miles] in length; 2) circuit Chute Sacrée, starting at PK 10 and 2 km [1.2 miles] in length (Figure 3); 3) circuit Tsakoaka, starting at PK 14 and 2 km [1.2 miles] in length; 4) circuit Eulophia, starting close to PK 13 and 2.5 km [4.0 miles] in length;

Figure 3. A l'intérieur du Parc National, il y a plusieurs endroits d'une importance culturelle locale considérable, dont la Chute Sacrée. Le circuit touristique qui conduit aux cascades sacrées commence au PK 10 le long de la route d'accès à l'ouest du parc. (A gauche, photo par Marie Jeanne Raherilalao ; à droite, photo par Voahangy Soarimalala). / **Figure 3.** Within the national park, there are several places of considerable local cultural importance, including the Chute Sacrée. The tourist circuit leading to and past the waterfalls starts at PK 10 on the north-south road at the western side of park. (Left, photo by Marie Jeanne Raherilalao) and passes the sacred site (right, photo by Voahangy Soarimalala).

2 km, qui démarre au PK 14 ; le circuit Eulophia, de 2,5 km, qui démarre près du PK 13 ; et le circuit Trekking, long de 11 km, qui démarre au PK 6 et se termine au PK 11.

Aspects culturels : Deux groupes ethniques distincts vivent autour du parc : les Betsimisaraka principalement à l'Est et les Bezanozano à l'Ouest. Si leurs traditions culturelles sont assez similaires, ils utilisent des sites cultuels différents dans l'aire protégée. Chaque année, à partir d'octobre, mais toujours avant le 26 juin (Fête de l'Indépendance pour le peuple Malagasy), un rituel régional, particulièrement important pour les habitants de Mahatsara, a lieu à la Chute Sacrée sur le site de Renisoa (aux environs du PK 10, voir Figure 3). Un coq rouge est sacrifié et son sang est versé dans les cascades de Renisoa à l'instant où les demandes de bénédictions (*joro* en Malagasy) sont adressées aux ancêtres et aux esprits du site par les habitants. Lorsque les vœux sont exaucés, les gens reviennent l'année suivante pour remercier les esprits par des offrandes votives. Chaque année, les habitants demandent à Madagascar National Parks l'autorisation d'entrer dans l'aire protégée pour pratiquer cette coutume. Jusqu'à récemment, le *joro* était dirigé par Kotovelo, un médium qui assurait le lien entre les vivants et l'esprit de Renisoa, mais depuis sa mort, c'est à ses descendants d'assurer cette fonction sacrée. D'autres sites du parc font l'objet de pareilles célébrations, notamment à Antsahabe (PK 17) où se déroule des rites de *tromba* (possession par un

and 5) circuit Trekking, starting at PK 6 and ending PK 11 and 11 km (6.8 miles) in length.

Cultural and local aspects: Two different ethnic groups live around the park: the Betsimisaraka mostly to the east and the Bezanozano towards the west. While many of the cultural traditions of the two groups are similar, in most cases they do not use the same sites within the protected area. Each year between October and June, but before the 26 June (Independence Day for the Malagasy people), an important regional ritual takes place at the Chute Sacrée (off the road at PK 10, see Figure 3), particularly for the residents of Mahatsara. A red cock is sacrificed and its blood placed in the waterfalls at the site known as Renisoa and coinciding with the moment when local people conduct vows (*joro* in Malagasy) to the ancestors and associated spirits of the site. When the wishes are granted, people return the following year to present votive offerings of thanks. The people of Mahatsara ask Madagascar National Parks permission to enter the protected area and practice this custom. Until recently, the *joro* was conducted by Kotovelo, acting as the link between the living and the spirit of Renisoa, and since his death, family descendants are responsible. Other sites in the park are localities where similar rites are held, which include at Antsahabe (PK 17), where a *tromba* (spirit possessing a person or object of special worship) ritual takes place.

There are numerous local variations as to the history for the name of the local flagship species of lemur *Indri indri* (Indri) or *babakoto* in Malagasy,

esprit défunt de personnes ou objets singuliers vénérés).

Il existe diverses fables quant à l'origine du nom du lémurien-phare *Indri indri* (Indri) ou *babakoto* en Malagasy, c'est-à-dire le « père de Koto ». Il est vivement suggéré aux visiteurs de demander à leur guide de leur raconter le récit qui relate l'histoire de ce lémurien et l'origine de son nom, et qui témoigne ainsi des liens si particuliers des habitants avec la forêt et certains tabous locaux (*fady* en Malagasy) envers la faune.

A partir des années 1920 et jusqu'en 2010, des mines de graphite à grande échelle étaient en activité dans la région. En 1989, lorsque le Parc National de Mantadia a été créé, l'exploitation a été officiellement arrêtée dans l'aire protégée. L'extraction a cessé pour plusieurs raisons, notamment la baisse du cours du graphite sur le marché international et la concurrence avec des mines à grande échelle à l'étranger, qui ont coïncidé avec la construction d'hébergements touristiques, notamment le Vakona Forest Lodge. Les vestiges d'infrastructures minières sont encore visibles le long de la route menant à l'aire protégée et autour du Vakona Forest Lodge, ainsi que la route d'Andasibe à Mantadia qui a été construite par la société minière. L'un des anciens sites d'extraction les plus importants se trouvait au PK 15 et, à l'apogée de l'exploitation minière, environ 350 ouvriers locaux étaient employés pour assurer les diverses étapes de cette activité. La mine a concouru à un apport économique considérable pour les communautés locales, principalement à travers

which translates to the "father of Koto". We suggest asking your local guide to explain the history of this name and the origin of this animal, which provides important insight into the relationship of people living around the forest and certain local taboos (*fady* in Malagasy) concerning wildlife.

Starting in the 1920s and until 2010, a series of large-scale graphite mines were in operation in the area. In 1989, when the Mantadia National Park was named, this form of exploitation officially stopped within the boundaries of the protected area. The local mining of graphite ceased for different reasons including a drop in the international market price and large-scale production overseas, and this coincided with the building of local tourist facilities, most notably the Vakona Forest Lodge. Remnants of the former infrastructure associated with the mine are visible along the road leading into the protected area and in and around the Vakona Forest Lodge. The graphite mining company constructed the road linking Andasibe to Mantadia. One of the former larger mining sites was at PK 15 and at the high point of the operation, around 350 local people worked associated with different aspects of the mining company. These different operations had considerable monetary input into the local communities, mostly through employment, as well as a negative impact on the local ecology, particularly water pollution. Traces of the commercial mine are still evident in the landscape (Figure 4). Starting in 2004, a large-scale nickel and cobalt exploitation was installed to the west of Mantadia, including a slurry pipeline carrying crude ore and

Figure 4. Des traces de l'ancienne exploitation de graphite dans la région et dans le Parc National de Mantadia sont encore évidentes, allant des vestiges d'un ancien pipeline transportant des matériaux à l'usine de traitement d'Ambohimarina (près du Vakona Forest Lodge) et, comme illustré ici, des fosses peu profondes près de Sahandambo où le graphite était extrait il y a environ 40 ans et où la végétation reste secondaire. (Photo par Voahangy Soarimalala.) / **Figure 4.** Traces of former graphite exploitation in and around the Mantadia area are still evident, ranging from remnants of a pipeline carrying materials to the processing plant at Ambohimarina (close to the Vakona Forest Lodge) and, as shown here near Sahandambo, shallow pits where graphite was exploited some 40 years ago and the vegetation remains secondary. (Photo by Voahangy Soarimalala.)

les emplois rémunérés, mais aussi à un impact écologique négatif sur l'environnement, en particulier la pollution de l'eau. Des stigmates de cette mine sont encore visibles dans le paysage (Figure 4). En 2004, une exploitation à grande échelle de nickel et de cobalt a été installée à l'ouest de Mantadia ; elle comprend un pipeline, long de 220 km et affublé de pistes de desserte, convoyant le minerai brut depuis le site d'extraction, dénommé associated feeder roads from the mining site, known as Ambatovy, to near Toamasina (Tamatave), about 200 kilometers to the east.

Flora & vegetation: The vegetation of Mantadia has not been extensively studied, even though access to the site is relatively easy. With its cool and humid climate, and no pronounced dry season, this protected area is largely covered with medium altitude moist evergreen forest (see Figure 5), and

Ambatovy, jusqu'à l'entrée sud de Toamasina (Tamatave).

Flore & végétation : La végétation de Mantadia a été peu étudiée, bien que l'accès au site soit relativement facile. Avec son climat frais et humide, et sans saison sèche prononcée, cette aire protégée est principalement couverte de forêts sempervirentes humides de moyenne altitude qui s'étendent de spanning the elevational range from 800 to 1200 m (2625 to 3940 feet). In the bottomlands, the forest has a 14 m (46 feet) canopy dominated by a species of Apocynaceae (*Mascarenhasia arborescens*), with emergent trees reaching 20 m (66 feet); the middle layer contains numerous Euphorbiaceae and Lauraceae, as well as a range of

Figure 5. Compte tenu du climat généralement frais et humide de Mantadia, et de l'absence de saison sèche prononcée, cette aire protégée est principalement couverte de forêts denses humides sempervirentes de moyenne altitude. (Photo par Voahangy Soarimalala.) /
Figure 5. Given the generally cool and humid climate of Mantadia and no pronounced dry season, this protected area is largely composed of medium altitude moist evergreen forest. (Photo by Voahangy Soarimalala.)

Figure 6. Mantadia compte un nombre considérable d'espèces d'orchidées (Orchidaceae), parmi lesquelles *Cynorkis calanthoides* (à gauche), qui est l'une des rares véritables épiphytes du genre (photo de Marie Jeanne Raherilalao) et *Aeranthes schlechteri* (à droite) avec sa longue « queue » constituée d'un éperon qui abrite le nectar de la fleur (photo par Johan Hermans). / **Figure 6.** Mantadia has a considerable number of orchid species (Orchidaceae), which include *Cynorkis calanthoides* (left), which is one of the few true epiphytic members of the genus (photo by Marie Jeanne Raherilalao) and *Aeranthes schlechteri* (right) with its long "tail" consisting of a spur that holds the flower's nectar (photo by Johan Hermans).

Figure 7. Rameau florifère de *Phyllanthus mantadiensis* (Phyllanthaceae), une espèce uniquement connue de Mantadia. (Photo par Haingo M. J. Rasoazanany.) / **Figure 7.** Flowering stem of *Phyllanthus mantadiensis* (Phyllanthaceae), a species only known from Mantadia. (Photo by Haingo M. J. Rasoazanany.)

different trees, while the herbaceous layer is generally open. On hill slopes, the canopy is 13 to 15 m (43 to 49 feet) high and composed of a range of tree species and the understory has a prominent herbaceous layer. For Madagascar as a whole, about 85% of locally occurring orchid species are endemic and across the different islands making up the Malagasy Region, this comes close to 100%. The Analamazaotra and Mantadia National Parks have a considerable number of orchid species (Figure 6).

From the floristic side, based on a summary from 2018, Mantadia is known to have 388 species of plants, 385 (nearly 100%) of which are native, and of these 329 species (85%) are endemic to Madagascar. The flora

800 à 1200 m d'altitude (voir Figure 5). Dans les bas-fonds, la canopée, qui s'étend à 14 m de hauteur, est dominée par une espèce d'Apocynaceae (*Mascarenhasia arborescens*) avec quelques émergents atteignant 20 m de haut ; les strates intermédiaires sont composées de nombreuses Euphorbiaceae et Lauraceae et d'autres essences variées, tandis que la couche herbacée est peu dense. Sur les pentes de collines, la canopée mesure 13 à 15 m de haut et est composée d'essences très diversifiées, alors que le sous-bois présente une strate herbacée importante. A Madagascar, 85 % des espèces d'orchidées sont endémiques et cela atteint 100 % si l'on considère les îles voisines de la Région Malagasy. Les Parcs Nationaux de Mantadia et d'Analamazaotra abritent un nombre considérable d'espèces d'orchidées (Figure 6).

Du côté floristique, sur la base d'une étude réalisée en 2018, la flore de l'aire protégée compte 388 espèces de plantes, dont 385 (près de 100 %) sont autochtones et 329 (85 %) endémiques à Madagascar. La flore contient des éléments typiques de la forêt sempervirente humide, ainsi que de nombreuses espèces endémiques de la région de Moramanga. **Deux espèces de plantes ne sont connues qu'à Mantadia** (Figure 7). Au total, 31 espèces végétales ne sont connues qu'à Mantadia et quatre autres sites (au plus) à Madagascar, principalement des sites de la partie orientale de l'île. Deux familles de plantes endémiques à Madagascar sont présentes à Mantadia : les Physenaceae et les Sarcolaenaceae.

contains typical moist evergreen forest elements, as well as numerous species endemic to the Moramanga area. **Two plant species are known only from Mantadia** (Figure 7). In total, 31 plant species are known from Mantadia and no more than four other localities, including a range of sites, mostly in the eastern portion of the island. Members of two plant families that are endemic to Madagascar are

Figure 8. A l'exception de quelques groupes, il n'est pas exagéré d'affirmer que le nombre d'espèces d'invertébrés présents dans le Parc National reste largement inconnu. Ici, l'escargot terrestre *Helicophanta magnifica* (Acavidae) ou « escargot œuf d'oiseau » nommé d'après les œufs particulièrement gros pondus par cette espèce. (Photo par Voahangy Soarimalala.) / **Figure 8.** With the exception of a few groups, it would not be an exaggeration to state that the number of invertebrate species occurring in the national park remain largely unknown. Here is shown the terrestrial snail *Helicophanta magnifica* (Acavidae) or bird-egg snail named after the very large eggs they lay. (Photo by Voahangy Soarimalala.)

Figure 9. Bien qu'aucune espèce de vertébrés ne soit connue à ce jour comme endémique à Mantadia, plusieurs sont endémiques au niveau régional, comme cette grenouille cornue de Madagascar *Gephyromantis cornutus* (Mantellidae). (Photo par Achille P. Raselimanana.) / **Figure 9.** While no vertebrate species is known to date to be endemic to Mantadia, there are a good number are regionally endemics, such as this horned Madagascar frog *Gephyromantis cornutus* (Mantellidae). (Photo by Achille P. Raselimanana.)

Faune : Cette aire protégée, principalement couverte de forêts denses humides sempervirentes de moyenne altitude, a fait l'objet de recherches et d'inventaires des vertébrés et invertébrés terrestres (Figure 8) ; les premiers résultats indiquent qu'elle est biologiquement riche. Des inventaires complémentaires de la faune du site, associés à des études systématiques, permettront assurément de révéler un niveau de diversité plus important et d'y découvrir de nouvelles espèces pour la science. Aucune espèce de vertébrés terrestres endémique du site n'est connue actuellement, mais plusieurs espèces à distribution géographique restreinte y sont documentée, dont les grenouilles *Gephyromantis cornutus* (Figure 9),

present at Mantadia: Physenaceae and Sarcolaenaceae.

Fauna: This protected area of largely medium altitude moist evergreen forest has been the site of some research projects and field inventories of terrestrial invertebrates (Figure 8) and vertebrates, and the initial data indicate that it is biologically rich (Table A). Additional faunal exploration of the site and associated studies are certain to uncover even greater levels of species diversity and species new to science. No locally endemic land vertebrate species is currently recognized from the site, but several with restricted geographic distributions, such as several frog species, including *Gephyromantis cornutus* (Figure 9), *Gephyromantis eiselti*, *Gephyromantis thelenae*, and *Stumpffia kibomena*,

Figure 10. A ce jour, 23 espèces de reptiles sont connues à Mantadia, un site qui n'a pas été complètement inventorié pour sa faune de vertébrés terrestres. Parmi ces reptiles, on trouve deux espèces du genre *Uroplatus* (Gekkonidae), souvent appelées geckos à queue plate. Durant la journée, ces animaux mimétiques se reposent camouflés sur les branches ou les troncs d'arbres, généralement dans une position verticale qui les rend invisibles aux prédateurs. Si vous regardez attentivement la photo, vous pouvez voir le contour des yeux et de la tête dans la partie inférieure du tronc de l'arbre et lorsque vous remontez le corps, les pattes postérieures et la queue. L'espèce représentée ici est *Uroplatus sikorae*. (Photo par Chien Lee.) / **Figure 10.** To date, 23 species of reptiles are known from Mantadia, a site that has not been completely inventoried for its terrestrial vertebrate fauna. Among these reptiles are two species in the genus *Uroplatus* (Gekkonidae), often referred to as leaf-tail geckos or flat-tailed geckos. These animals rest camouflaged during the day on thin tree trunks or branches, generally in a vertical position that helps them avoid being captured by predators. If you examine the photo closely, you can see the outline of the eyes and head in the lower portion of the tree trunk and higher up the body, the hind feet, and tail. The species figured here is *Uroplatus sikorae*. (Photo by Chien Lee.)

Gephyromantis eiselti, *Gephyromantis thelenae* et *Stumpffia kibomena*. Bien que n'étant pas encore complétement documentée, la faune reptilienne de Mantadia compte 30 espèces, dont certains animaux sont particulièrement intéressants (Figure 10).

Etant donné l'état quasi intact du massif forestier de Mantadia, c'est l'endroit rêvé pour l'observation d'une large gamme d'animaux dans

are known from Mantadia. Although not yet fully documented, the reptile fauna of Mantadia includes 30 species, including some rather interesting animals (Figure 10).

Given that the main block of forest in the park is largely unmodified by humans, this is an excellent place to encounter a range of different animals in their natural setting, including a considerable assortment of forest-dwelling birds; during the

Figure 11. Parmi les joyaux de la forêt de Mantadia, on signale le Brachyptérolle écaillé, *Geobiastes squamigerus* (Brachypteraciidae), dont le cri « cooop » répétitif et profond peut être entendu avant l'aube et tôt le matin. (Photo par Jan Pedersen.) / **Figure 11.** Among the jewels of the Mantadia forest is the skulking Scaly Ground-roller, *Geobiastes squamigerus* (Brachypteraciidae), for which its repetitive and deep resonating "cooop" call can be heard before dawn and in the early morning hours. (Photo by Jan Pedersen.)

leur cadre naturel, dont un éventail diversifié d'oiseaux forestiers, dont les ritournelles matinales, intenses durant la saison de reproduction, révèlent quelques espèces très intéressantes (Figure 11). Mantadia offre un magnifique cadre pour observer un riche éventail de lémuriens diurnes et nocturnes (Figure 12) ; il est conseillé d'être toujours à l'écoute de leurs cris et des bruissements de feuilles provoqués par leur déplacement. Mantadia était la région d'origine des individus de *Varecia variegata* (Vari noir et blanc) et de *Propithecus diadema* (Propithèque à diadème) réintroduits à Analamazaotra (Figure 13).

breeding season the morning chorus can be intense and with some very interesting species (Figure 11). Further, keep an ear out for the calls of lemurs and the rustle of vegetation associated with their displacements; the protected area is a rich and beautiful setting to encounter a range diurnal and nocturnal species (Figure 12). Mantadia was the source area of individuals of *Varecia variegata* (Variegated Black-and-White Ruffed Lemur) and *Propithecus diadema* (Diademed Sifaka) reintroduced to Analamazaotra (Figure 13).

Conservation challenges: The Mantadia National Park has some human pressures on the remaining

Figure 12. L'une des espèces de lémuriens du Centre-est de Madagascar qui hiberne pendant la saison froide et sèche est *Cheirogaleus crossleyi* (Lémurien nain de Crossley) de la famille Cheirogaleidae, photographié ici en mars 2022 dans un goyavier exotique (*Psidium guajava*, Myrtaceae) avec des fruits mûrissant, période durant laquelle les fruits de cette espèce introduite constituent une ressource alimentaire importante pour ce lémurien afin d'accumuler suffisamment de graisse avant d'hiberner, en particulier dans la queue, ce qui est particulièrement évident sur cette image. (Photo par Voahangy Soarimalala.) / **Figure 12.** One of the lemur species in central eastern Madagascar that hibernates during the cold and dry season is *Cheirogaleus crossleyi* (Crossley's Dwarf Lemur) of the family Cheirogaleidae, which is illustrated here in an introduced guava tree (*Psidium guajava*, Myrtaceae) with ripening fruits. This image was taken in late March 2022 and during the period guava fruits form an important food resource for this lemur to augment body fat before hibernating, particularly in the tail, which is evident in this image. (Photo by Voahangy Soarimalala.)

Enjeux de conservation : Le Parc National de Mantadia subit certaines pressions humaines, telles que l'exploitation illicite de diverses ressources forestières (bois dur, dont le bois de rose) et l'agriculture itinérante sur brûlis (*tavy* en Malagasy), en particulier pour le riz. Plus importantes dans la partie est du parc,

forest ecosystem, most associated with socio-economic aspects, and include exploitation of different resources (hardwoods such as rosewood) and swidden agriculture (*tavy* in Malagasy), particularly for rice. These pressures are most important in the eastern portion of the park and distinctly less severe in the western

Figure 13. Mantadia a une diversité considérable de lémuriens avec 12 espèces. Il s'agit notamment de *Varecia variegata* (Vari noir et blanc) de la famille Lemuridae (à gauche, photo par Chien Lee) et de *Propithecus diadema* (Propithèque à diadème) de la famille Indriidae (à droite, photo par Olivier Langrand). Les populations de ces deux espèces ont disparu de l'aire protégée d'Analamazaotra, vraisemblablement en raison de la pression de chasse. Des individus des deux espèces ont été capturés à Mantadia et dans d'autres forêts voisines et réintroduits avec succès à Analamazaotra. / **Figure 13.** Mantadia has a considerable diversity of lemurs with 12 species. These include *Varecia variegata* (Variegated Black-and-White Ruffed Lemur) of the family Lemuridae (left, photo by Chien Lee) and *Propithecus diadema* (Diademed Sifaka) of the family Indriidae (right, photo by Olivier Langrand). Populations of these two species were extirpated from the Analamazaotra protected area, presumably associated with human hunting pressure. Individuals of both species captured in Mantadia and other neighboring forests were successfully reintroduced to Analamazaotra (next site discussed in this book).

ces pressions sont nettement moins sévères dans la partie ouest. Une part considérable des communautés rurales vivant aux alentours du parc dépendent, à divers degrés, des ressources forestières pour assurer leur subsistance alimentaire et leurs revenus. A l'intérieur et dans les lisières forestières de Mantadia,

portion. For a considerable portion of the people living in the nearby countryside, they are dependent at different levels on forest resources for subsistence and their economic survival. In the peripheral area of Mantadia, several introduced invasive plants are problematic. Having stated these points, most of these pressures

diverses plantes introduites, désormais envahissantes, deviennent problématiques. Néanmoins, la plupart des pressions sont notées en zones périphériques, et le Parc National reste un lieu idéal pour apprécier sa riche faune et flore et ressentir la magie de ses forêts.

Il n'y a pas d'infrastructure de conservation spécifique (tours de guet ou pare-feu) dans l'aire protégée. Une zone de restauration passive, par dispersion naturelle des graines et régénération naturelle des arbres, a été définie, et quelques pépinières villageoises ont été installées. Il n'y a pas de facilités de recherche spécifiques dans le parc, mais des campements scientifiques temporaires furent établis à l'occasion dans la forêt et en bordure de l'aire protégée.

L'impact du changement climatique, un problème qui affecte l'ensemble de Madagascar, s'exprime localement à Mantadia par une augmentation des épisodes secs, atteignant 20 jours successifs au cœur de la saison des pluies, et qui se traduit par une diminution de la pluviométrie annuelle de 165 mm entre 1985 et 2014, soit environ 0,5 % par an. L'impact, à moyen et à long terme, des changements climatiques sur les habitats et la biodiversité de l'aire protégée est encore incertain.

are towards the peripheral zone, and the national park is a place one can see and experience the floristic and faunistic richness of this magical forest.

There is no specific conservation infrastructure (such as watchtowers or firebreaks) in the protected area. The site has a restoration area, mostly associated with passive dispersal and growth of trees, and some village nurseries having been set up. There is no specific research facility in the park, but scientific camps have been installed on occasion in the forest and at the edge of the protected area.

There is evidence of local climatic change, an aspect impacting Madagascar as a whole, and between 1985 and 2014 dry episodes of up to 20 days occurred at the height of the rainy season, and precipitation decreased by about 0.5% annually, or around -165 mm (-6.5 inches). It is unclear what impact these climatic changes will have in the medium and long term on the protected area's biota.

Avec les contributions de / With contributions from: L. D. Andriamahefarivo, R. Andriamasimanana, A. H. Armstrong, K. Behrens, K. D. Bishop, B. Crowley, L. Gautier, F. Glaw, S. M. Goodman, O. Griffiths, J.-C. Izouard, R. K. B. Jenkins, J. Johnson, E. E. Louis, Jr., P. P. Lowry II, Madagascar National Parks, M. E. McGroddy, J. Medard, P. B. Phillipson, M. N. Rabenandrasana, M. J. Raherilalao, C. L. Rakotomalala, M. L. Rakotondrafara, F. Rakotondraparany, J.-B. Ramanamanjato, L. Y. A. Randriamarolaza, T. Randriamora, H. Randrianasolo, S. Randriarimalala, A. P. Raselimanana, F. Rasolobera, H. Rasolonjatovo, F. H. Ratrimomanarivo, H. L. Ravelomanantsoa, F. S. Razanakiniana, A. B. Rylands, T. S. Sam, J. Sparks, V. Soarimalala, M. Vences, S. Verlynde, and S. Wohlhauser.

Tableau A. Liste des vertébrés terrestres connus de Mantadia. Pour chaque espèce, le système de codification suivant a été adopté : un astérisque (*) *avant* le nom de l'espèce désigne un endémique malgache ; les noms scientifiques en **gras** désignent les espèces strictement endémiques à l'aire protégée ; les noms scientifiques soulignés désignent des espèces uniques ou relativement uniques au site ; un plus (+) *avant* un nom d'espèce indique les taxons rentrant dans la catégorie Vulnérable ou plus de l'UICN ; un [1] *après* un nom d'espèce indique les taxons introduits ; et les noms scientifiques entre parenthèses nécessitent une documentation supplémentaire. Certains animaux répertoriés, par exemple *Oryzorictes* cf. sp. nov. B, ne sont pas décrits. Pour certaines espèces de grenouilles, les noms des sous-genres sont entre parenthèses. / **Table A.** List of the terrestrial vertebrates known from Mantadia. For each species entry the following coding system was used: an asterisk (*) *before* the species name designates a Malagasy endemic; scientific names in **bold** are those that are strictly endemic to the protected area; underlined scientific names are unique or relatively unique to the site; a plus (+) *before* a species name indicate taxa with an IUCN statute of at least Vulnerable or higher; [1] *after* a species name indicates it is introduced to the island; and scientific names in parentheses require further documentation. Certain listed animals, for example *Oryzorictes* cf. sp. nov. B, are undescribed. For certain species of frogs, the subgenera names are presented in parentheses.

Amphibiens / amphibians, n = 52

Heterixalus punctatus
Boophis (Boophis) albilabris
Boophis (Boophis) albipunctatus
Boophis (Boophis) boehmei
Boophis (Boophis) goudoti
Boophis (Boophis) luteus
Boophis (Boophis) madagascariensis
Boophis (Boophis) praedictus
Boophis (Boophis) pyrrhus
Boophis (Boophis) reticulatus
Boophis (Boophis) tasymena
Boophis (Boophis) viridis
Aglyptodactylus madagascariensis
Blommersia blommersae
Blommersia grandisonae
Gephyromantis (Asperomantis) asper
+Gephyromantis (Duboimantis) cornutus
Gephyromantis (Duboimantis) redimitus

Gephyromantis (Duboimantis) sculpturatus
+Gephyromantis (Gephyromantis) eiselti
+Gephyromantis (Gephyromantis) thelenae
Gephyromantis (Laurentomantis) fiharimpe
Guibemantis (Guibemantis) depressiceps
Guibemantis (Guibemantis) tornieri
Guibemantis (Pandanusicola) bicalcaratus
Guibemantis (Pandanusicola) liber
Guibemantis (Pandanusicola) pulcher
Mantella baroni
Mantella crocea
Mantidactylus (Brygoomantis) betsileanus
Mantidactylus (Chonomantis) aerumnalis
Mantidactylus (Chonomantis) albofrenatus
Mantidactylus (Chonomantis) melanopleura

*Mantidactylus (Chonomantis) opiparis
*Mantidactylus (Chonomantis) zipperi
*Mantidactylus (Hylobatrachus) cowanii
*Mantidactylus (Hylobatrachus) lugubris
*Mantidactylus (Maitsomantis) argenteus
*Mantidactylus (Mantidactylus) grandidieri
*Mantidactylus (Ochthomantis) femoralis
*Mantidactylus (Ochthomantis) mocquardi
*Anodonthyla pollicaris
*Platypelis grandis

*Platypelis pollicaris
*Platypelis tuberifera
*Platypelis notosticta
*Plethodontohyla inguinalis
*Rhombophryne coronata
*Rhombophryne laevipes
*+_Stumpffia kibomena_
*Paradoxophyla palmata
*(Scaphiophryne spinosa)

Reptiles / reptiles, n = 30

*+_Brookesia ramanantsoai_
*Brookesia superciliaris
*Brookesia theili
*Calumma emelinae
*Calumma gastrotaenia
*Calumma malthe
*Ebenavia robusta
*Paroedura gracilis
*Phelsuma lineata
*Phelsuma quadriocellata
*Uroplatus phantasticus
*Uroplatus sikorae
*Zonosaurus aeneus
*Zonosaurus madagascariensis
*Brachyseps macrocercus

*Brachyseps punctatus
*Flexiseps ornaticeps
*Madascincus melanopleura
*Madascincus mouroundavae
*Trachylepis gravenhorstii
*Sanzinia madagascariensis
*Compsophis boulengeri
*Compsophis infralineatus
*Liophidium rhodogaster
*Liopholidophis dolicocercus
*Liopholidophis rhadinaea
*Pseudoxyrhopus tritaeniatus
*Thamnosophis epistibes
*Thamnosophis infrasignatus
*_Madatyphlops andasibensis_

Oiseaux / birds, n = 106

*+_Tachybaptus pelzelnii_
*Lophotibis cristata
Accipiter francesiae
*Accipiter henstii
*Accipiter madagascariensis
*Aviceda madagascariensis
*Buteo brachypterus
Milvus aegyptius
*Polyboroides radiatus
Falco concolor
Falco eleonorae
Falco newtoni
*Falco zoniventris
*Margaroperdix madagarensis
*+_Mesitornis unicolor_
*Turnix nigricollis
Dryolimnas cuvieri
Gallinula chloropus
*Mentocrex kioloides
*+_Rallus madagascariensis_
*Sarothrura insularis
+_Glareola ocularis_
Actitis hypoleucos
*Alectroenas madagascariensis
Nesoenas picturata
Treron australis
Coracopsis nigra
Coracopsis vasa
Centropus toulou
*Coua caerulea
*Coua reynaudii

*Coua serriana
*Cuculus rochii
Tyto alba
*+_Tyto soumagnei_
*Otus rutilus
*Asio madagascariensis
Caprimulgus madagascariensis
*Gactornis enarratus
Apus affinis
Apus balstoni
Tachymarptis melba
*Zoonavena grandidieri
Corythornis vintsioides
*Corythornis madagascariensis
Merops superciliosus
Eurystomus glaucurus
*Atelornis crossleyi
*Atelornis pittoides
*+_Brachypteracias leptosomus_
*+_Geobiastes squamigera_
Leptosomus discolor
*Neodrepanis coruscans
*+_Neodrepanis hypoxantha_
*Philepitta castanea
Phedina borbonica
Riparia paludicola
*Motacilla flaviventris
Coracina cinerea
Hypsipetes madagascariensis
*Copsychus albospecularis
*Monticola sharpei

Saxicola torquata
Terpsiphone mutata
Cisticola cherina
*Neomixis striatigula
*Neomixis tenella
*Neomixis viridis
*Bradypterus brunneus
*Bradypterus seebohmi
*Acrocephalus newtoni
Nesillas typica
*Bernieria madagascariensis
*Cryptosylvicola randrianasoloi
*Hartertula flavoviridis
*Oxylabes madagascariensis
*Randia pseudozosterops
*Xanthomixis cinereiceps
*+Xanthomixis tenebrosus
*Xanthomixis zosterops
Cinnyris notatus
Cinnyris sovimanga
Zosterops maderaspatana
*Artamella viridis
*Calicalicus madagascariensis

Cyanolanius madagascarinus
*+Euryceros prevostii
*Hypositta corallirostris
*Leptopterus chabert
*Mystacornis crossleyi
*Newtonia amphichroa
*Newtonia brunneicauda
*+Newtonia fanovanae
*+Oriolia bernieri
*Pseudobias wardi
*Schetba rufa
*Tylas eduardi
*Vanga curvirostris
*Xenopirostris polleni
Dicrurus forficatus
Corvus albus
Acridotheres tristis[1]
*Hartlaubius auratus
*Foudia madagascariensis
*Foudia omissa
*Ploceus nelicourvi
*Lepidopygia nana

Tenrecidae - tenrecidés / tenrecs, n = 20

*Hemicentetes semispinosus
*Microgale cowani
*Microgale drouhardi
*+Microgale dryas
*Microgale fotsifotsy
*Microgale gymnorhyncha
*+Microgale jobihely
*Microgale cf. longicaudata
*Microgale majori
*Microgale parvula

*Microgale principula
*Microgale pusilla
*Microgale soricoides
*Microgale taiva
*Microgale thomasi
*Oryzorictes cf. sp. nov. B
*Nesogale dobsoni
*Nesogale talazaci
*Setifer setosus
*Tenrec ecaudatus

Soricidae - musaraignes / shrews

Aucune information disponible / no information available

Nesomyidae - rongeurs / rodents, n = 6

*Eliurus minor
*+Eliurus petteri
*Eliurus tanala

*Eliurus webbi
*Nesomys audebertii
*Nesomys rufus

Muridae - rongeurs / rodents, n = 1

Rattus rattus[1]

Chauves-souris / bats, n = 12

*+Pteropus rufus
*Rousettus madagascariensis
*Paremballonura atrata
*Chaerephon atsinanana
Chaerephon leucogaster
Mops leucostigma

*Mormopterus jugularis
*Neoromicia matroka
*Neoromicia robertsi
Miniopterus sp.
*Miniopterus majori
*Myotis goudoti

Eupleridae - carnivore / carnivoran,
n = 5

*+*Cryptoprocta ferox*
*+*Eupleres goudotii*
**Fossa fossana*

**Galidia elegans*
*+*Galidictis f. fasciata*

Viverridae - carnivore / carnivoran,
n = 1

Viverricula indica[1]

Lémuriens / lemurs, n = 12

*+*Allocebus trichotis*
**Cheirogaleus crossleyi*
*+*Microcebus lehilahytsara*
**Lepilemur mustelinus*
**Eulemur fulvus*
*+*Eulemur rubriventer*

*+*Hapalemur griseus*
*+*Varecia variegata*
*+*Avahi laniger*
*+*Indri indri*
*+*Propithecus diadema*
*+*Daubentonia madagascariensis*

DÉFINITIONS

Agriculture itinérante (*tavy*) – système agricole, également connu sous le nom d'agriculture sur abattis-brûlis, où on pratique la mise en culture alternée de zones forestières défrichées et brûlées, puis laissées en friches plusieurs années afin d'assurer la régénération des sols.

Altitude – dans le texte, l'altitude est donnée, en mètres, par rapport au niveau de la mer.

Autochtone – relatif à un organisme dont la présence est naturelle dans une zone, par opposition à un organisme introduit.

Catégories de risque d'extinction de la liste rouge de l'UICN – le statut de conservation (risque d'extinction), extrait de la Liste rouge de l'UICN, est mentionné uniquement pour les espèces correspondant aux catégories « menacées » à savoir : En danger critique (CR), En danger (EN) et Vulnérable (VU).

Catégorie d'aires protégées selon l'UICN – au niveau international, l'UICN classe les aires protégées en six catégories, qui correspondent à divers objets (espèces, écosystèmes et paysages) et/ou niveaux de protection (strict, ouvert au tourisme et activités agricoles réglementées) et dont les dénominations sont les suivantes à Madagascar : I) Réserve Naturelle Intégrale, II) Parc National, III) Monument Naturel, IV) Réserve Spéciale, V) Paysage Harmonieux Protégé et VI) Réserves de Ressources Naturelles.

Emergent (forêt) – strate forestière (ou arbre isolé) composée d'arbres,

DEFINITIONS

Elevation – herein all cited elevations are in meters with reference to above sea-level.

Emergent trees – the vertical layer (or isolated tree) in forests made up of the tallest trees with their crowns emerging above the canopy.

Endemic – an organism restricted to a given area. For example, an animal that is only known from Madagascar is endemic to the island (see **microendemic** below).

Extirpated – a plant or animal that no longer exists in a portion of its former geographic range.

Flora – this term concerns the plants present in a given region, the species composition, and generally referring to wild plants (native and introduced), as compared to those planted, for example, in gardens.

Geographic localities – for certain localities in Madagascar two parallel systems of geographical place names exist, one being associated with the former colonial system and the other the Malagasy name. We have used the Malagasy names throughout the book and at first usage, the non-Malagasy names are presented in parentheses, for example Antananarivo (Tananarive).

Hectare – an area that is 10,000 square meters or 2.5 acres (US).

dont les cimes se dressent au-dessus de la canopée.

Endémique – relatif à un organisme dont la distribution est limitée à une zone géographique donnée. Par exemple, un animal connu seulement à Madagascar est dit endémique de l'île (voir **micro-endémique**, ci-dessous).

Disparu – relatif à une espèce, végétale ou animale, qui n'est plus présente dans une partie de sa distribution originale.

Durée de voyage – dans ce guide, les durées de voyage par route sont indiquées entre les aires protégées et diverses localités. Dans les centres de grandes villes (Antananarivo et Toamasina), les embouteillages peuvent être importants pendant les heures de pointe ; pour éviter une circulation dense, il serait mieux de partir le plus tôt possible le matin, c'est-à-dire avant 6 h 30.

Flore – ensemble des plantes sauvages (indigènes et introduites) présentes dans une région donnée, à l'exclusion des espèces cultivées, par exemple, dans les jardins.

Hectares – unité de surface équivalente à 10 000 mètres carrés ou 2,5 acres (US).

Localités géographiques – pour certains lieux à Madagascar, deux appellations géographiques peuvent se rencontrer simultanément, l'une issue du système colonial historique (en français), l'autre basée sur les noms Malagasy. Les noms Malagasy sont utilisés tout au long du guide, mais, l'appellation non-Malagasy est mentionnée entre parenthèses à la première apparition d'un nom

IUCN categories of protected areas – at the international level, the IUCN classifies protected areas into six categories, which correspond to various aspects (species, ecosystems, and landscapes) and/or levels of protection (strict, open to tourism, and regulated agricultural activities) and these categories are as follows for Madagascar: I) Strict Nature Reserve, II) National Park, III) Natural Monument, IV) Special Reserve, V) Protected Harmonious Landscape, and VI) Natural Resource Reserves.

IUCN Red List categories – the conservation statutes extracted from the IUCN Red List are mentioned herein for those falling in the "threatened" category include Critically Endangered (CR), Endangered (EN), and Vulnerable (VU).

Malagasy – throughout the book we use the term Malagasy in its noun and adjective forms (as compared to Madagascan) to refer to the people, the language, the culture, and other animate and inanimate objects from Madagascar. Malagasy words are presented in lowercase italics.

Malagasy Region – a zone of the western Indian Ocean including the islands of Madagascar and the archipelagos of the Comoros, the Mascarenes (Mauritius, La Réunion, and Rodriguez), and the Seychelles.

Microendemic – an **endemic** organism with a restricted geographical distribution. For example, an endemic

de lieu, par exemple Antananarivo (Tananarive).

Malagasy – dans ce guide, l'utilisation du terme Malagasy en tant que nom ou adjectif fait référence au peuple, à la langue, à la culture et autres objets, vivants ou non, matériels ou immatériels, originaires de Madagascar. Les mots en langue Malagasy sont écrits en italique.

Micro-endémique – relatif à un organisme dont la présence est limitée à une zone géographique restreinte. Par exemple, un animal connu seulement dans une zone limitée de Madagascar est dit micro-endémique à cette zone.

Nom scientifique – dans ce guide, le nom scientifique, largement standardisé, est généralement préféré pour désigner les plantes et les animaux (excepté les oiseaux et lémuriens), car les noms vernaculaires, qui varient considérablement entre les sources, peuvent prêter à confusion. Dans les tableaux répertoriant les animaux terrestres d'un site, seul le nom scientifique a été indiqué afin d'optimiser l'espace et le format ; pour les visiteurs qui ne seraient pas familiers avec les noms scientifiques, il est recommandé d'emporter des guides de terrain afin de faire le lien entre le nom scientifique et le nom vernaculaire ; c'est particulièrement le cas pour les oiseaux et les lémuriens.

Non-décrite (espèce) – que ce soit pour les plantes ou les animaux, un nombre considérable de nouvelles espèces reste à décrire à Madagascar. Dans certains cas, ces organismes sont déjà reconnus par les spécialistes, mais restent encore à nommer formellement dans une

animal only known from a limited area of Madagascar is a microendemic to that zone.

Native – naturally occurring in an area, as compared to being introduced.

Region – this term is used here in two different manners, 1) referring to a general geographical area or 2) denoting administrative regions (*faritra* in Malagasy), which includes 23 different units, and the two protected areas presented herein fall within the Alaotra-Mangoro Region.

Scientific names – throughout this book when citing plants and animals (with the exception of birds and lemurs), we generally do not use vernacular names, which can vary considerably between different reference sources and can be confusing, and prefer to use scientific names, which are largely standardized. In the table listing the known land animal species for each site, we only present scientific names. We apologize for any inconvenience for visitors not familiar with scientific names, but this approach was in part for space and format reasons and we suggest that visitors carry field guides with them, particularly for birds and lemurs, to make the needed liaison between vernacular and scientific names.

Swidden agriculture (*tavy*) – this form of agriculture, also known as slash-and-burn or shifting cultivation, refers to a technique of rotational farming in which cleared forest areas are put into

publication scientifique. Dans les listes ci-après, diverses expressions sont utilisées pour les espèces dont le nom spécifique n'est pas encore défini : « sp. nov. » (= nouvelle espèce), « sp. » (espèce distincte dont la dénomination est encore incertaine), « sp. aff. » (morpho-espèce, espèce distincte qui présente des ressemblances avec une espèce décrite, par exemple *Uroplatus* sp. aff. *henkeli* Ca11).

Phytogéographie – domaine de recherche de l'écologie végétale qui porte sur l'étude de la répartition géographique des plantes.

Région – ce terme est utilisé de deux manières différentes dans le guide : 1) en référence à une zone géographique usuelle ou 2) en référence à la délimitation territoriale administrative qui comprend 22 régions (*faritra* en Malagasy) ; les deux aires protégées présentées dans ce guide sont situées dans la Région d'Alaotra-Mangoro.

Région Malagasy – écorégion de l'Ouest de l'océan Indien qui comprend l'île de Madagascar, ainsi que les archipels des Comores, des Mascareignes (Maurice, La Réunion et Rodrigues) et des Seychelles.

Topographie – relatif aux formes et caractéristiques de la surface de la terre.

Végétation – ensemble des plantes qui poussent en un lieu donné et décrivant la structure et leur répartition selon leur nature.

cultivation and then left to regenerate for several years.

Topography – the study of land forms and surface features.

Travel time – in the text we present road travel times between different points and protected areas. In major city centers (Antananarivo and Toamasina) congestion can be heavy during rush hour periods, and to avoid frustrating traffic we suggest that it is best to leave as early in the morning as possible, that is to say before 6:30 a.m.

Undescribed species – for both plants and animals, a considerable number of species occurring on Madagascar remain to be described. In some cases, these unnamed organisms have been identified by scientists but remain to be named in technical publications. In the tables herein, we use the following denotation for determinations at the species level that are not definitive: "sp. nov." (= new species), "sp." (a distinct species but the identification is uncertain).

Vegetation – this term is used for the plants present in an area, with special reference to structure, life forms, and spatial distribution.

ANALAMAZAOTRA

Noms : Parc National d'Analamazaotra, nom abrégé : Analamazaotra (voir https://www.parcs-madagascar.com/parcs/analamazaotra.php pour plus de détails).

Catégorie UICN : II, Parc National.

Généralités : Cette aire protégée, gérée par Madagascar National Parks (MNP), est **la deuxième aire protégée terrestre la plus visitée de Madagascar** (données incluant Mantadia) (Figures 14 & 15). La proximité d'Analamazaotra, **à 3 ou 4 heures de route de la capitale Antananarivo** (Tananarive) par la RN2 (Route nationale), associée à un éventail d'hôtels et restaurants à Andasibe (Périnet) pour tous budgets, et les nombreux guides locaux, font de ce site un lieu très prisé pour les visiteurs nationaux et internationaux à la découverte des écosystèmes et de la biodiversité unique de Madagascar. L'aire protégée dispose de nombreux aménagements qui rendent la visite très abordable à la plupart des visiteurs, y compris les personnes à mobilité réduite ; on y trouve, notamment, un vaste réseau de sentiers, des passerelles, des aires de repos et des belvédères panoramiques. Quel que soit son âge ou son origine, personne n'oubliera sa première rencontre avec l'Indri (*Indri indri* ; Figure 16), une espèce de lémurien facilement reperée par les guides locaux, dont la beauté époustouflante et les cris mélancoliques déclenchent une réaction émotionnelle quasi-primitive chez l'humain. Cette aire protégée d'environ 874 hectares est situé sur un relief peu accidenté,

ANALAMAZAOTRA

Names: Parc National d'Analamazaotra, short name – Analamazaotra (see https://www.parcs-madagascar.com/parcs/analamazaotra.php for further details).

IUCN category: II, National Park.

General aspects: This site is under the management of Madagascar National Parks and is the **second most visited terrestrial protected area** (data combined with Mantadia) on the island (Figures 14 & 15). The close proximity of Analamazaotra to Antananarivo (Tananarive), **a 3 to 4 hour drive from the capital** along RN2 (Route nationale), the wide range of hotels and restaurants in and around Andasibe (Périnet) fitting different budgets, and numerous well-trained local guides that receive tourists, makes this protected area a very important place for national and international visitors to experience the unique ecosystems and biota of Madagascar. The protected area has considerable infrastructure including an extensive trail system, footbridges, and well-placed resting places and lookouts, making it very accessible to most visitors, including those that are less mobile. No person, young or old, Malagasy or from overseas, will forget their first close-encounter with a locally occurring species of lemur, Indri (*Indri indri*; Figure 16), which is relatively simple for the local guides to find in the park, and the animal's stunning beauty and wailing calls, which illicit a sort of primordial human emotional response. This protected area of about 874 hectares is comprised of largely flat

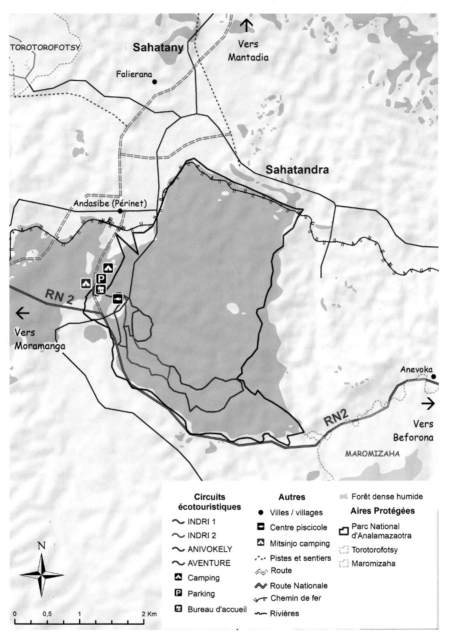

Figure 14. Carte de l'aire protégée d'Analamazaotra, des accès routiers, du réseau de sentiers, des infrastructures et des villes et villages environnants mentionnés dans le texte. / **Figure 14.** Map of the Analamazaotra protected area, road access, trail system and infrastructure, and surrounding towns and villages mentioned in the text.

avec quelques crêtes et vallons entrecoupés de nombreux ruisseaux. Sa faune vertébrée forestière typique compte 123 espèces d'amphibiens et reptiles, 135 espèces d'oiseaux et un large éventail de mammifères dont 12 espèces de lémuriens. Ainsi, une visite dans ce site récompensera assurément les visiteurs passionnés par la nature et souhaitant découvrir la biodiversité unique de Madagascar.

Cette aire protégée est dominée par le **climat humide de l'Est** avec des températures quotidiennes moyennes entre 14,5 °C et 23,6 °C. La saison

ground, with some ridges and ravines, and numerous streams. With its distinct diverse forest-dwelling vertebrate fauna, which includes 123 species of amphibians and reptiles, 135 species of birds, and a broad assortment of mammals, including 12 species of lemurs, a visit to the site is certain to be rewarding to those interested in nature and wanting to encounter the unique biota of Madagascar.

This protected area is dominated by the **humid climate of the east**, with average daily temperatures ranging

Figure 15. Deux parcs nationaux se trouvent à proximité du village d'Andasibe (Périnet) dont Analamazaotra au sud, et Mantadia à quelques kilomètres au nord. Ils forment un complexe souvent appelé, injustement, Parc National Andasibe-Mantadia, et sont administrés depuis le bureau de Madagascar National Parks près de l'entrée d'Analamazaotra. (Photo par Madagascar National Parks, Mantadia-Analamazaotra.) / **Figure 15.** Two different national parks are found in close proximity to the village of Andasibe (Périnet), and include Analamazaotra, slightly to the south, and Mantadia, some kilometers to the north. They form a complex often and incorrectly referred to Parc National Andasibe-Mantadia, and are administered from the Madagascar National Parks office near the entrance of Analamazaotra. (Photo by Madagascar National Parks, Mantadia-Analamazaotra.)

chaude, de décembre à février, affiche des températures atteignant 29,2 °C, alors que durant la saison froide, de juin à août, celles-ci sont nettement plus basses ; des périodes de transition (ou intersaisons) se situent entre chacune de ces deux périodes. La pluviométrie annuelle est en moyenne de 1530 mm, dont 74 % tombent entre novembre et avril. La **période idéale pour visiter ce site est entre novembre et janvier**, lorsque l'activité de la faune est à son maximum et que de nombreuses plantes sont en fleurs ou en fruits.

Analamazaotra est située sur des roches-mères ignées ; les sols y sont très altérés, acides et relativement riches en fer et en aluminium.

Aspects légaux : Basé sur l'Arrêté de création de la Réserve de faune pour Indris n° 2778/MAER/SEGREF/FOR du 21 juillet 1970. Son statut a été modifié en Parc National par le Décret de création du Parc National d'Analamazaotra n° 2015-732 du 21 avril 2015, en y associant deux parcelles de la Station forestière d'Analamazaotra.

Accès : Les divers noms de lieux du site, parfois compliqués pour les visiteurs étrangers, traduisent l'histoire de la région. Analamazaotra est le nom d'origine de la rivière qui traverse la forêt et l'aire protégée. Le village voisin d'Andasibe était auparavant appelé Périnet en hommage à Henri Périnet, l'un des principaux ingénieurs du chemin de fer et de la gare du village. Andasibe, le nom Malagasy du village, signifie « beaucoup de camps forestiers » en raison de nombreux campements établis au cœur de la forêt durant la construction du chemin

Figure 16. L'une des espèces emblématiques du Parc National d'Analamazaotra est l'Indri (*Indri indri*, famille des Indriidae), qui, avec l'aide de guides locaux, est facilement repérable et approché par les touristes, généralement quelques heures après leur arrivée sur site. Il y a plusieurs décennies, les naturalistes et les biologistes de terrain en visite devaient attendre plusieurs jours pour espérer un aperçu fugace de ces magnifiques lémuriens. La docilité actuelle de ces animaux est clairement le signe que les pressions humaines, en particulier la chasse, ont été considérablement réduites. (Photo par Ken Behrens.) / **Figure 16.** One of the iconic species found in the Analamazaotra National Park is the Indri (*Indri indri*, Indriidae), which with the aid of local guides is easily spotted and approached by tourists, generally within a few hours after arriving at the site. Several decades ago, this was not the case and visiting naturalists and field biologists would have to wait many days to have their first fleeting glimpse of these magnificent lemurs. The current tameness of these animals is clearly a sign that human pressures, particularly hunting, have been dramatically reduced. (Photo by Ken Behrens.)

de fer et des infrastructures associées, ainsi que pour l'exploitation forestière.

Analamazaotra est aisément accessible par la route à partir du village d'Andasibe, situé à 30 km à l'est de Moramanga à l'écart de la RN2 (Route nationale). Située à 145 km à l'est d'Antananarivo sur la RN2, l'aire protégée est atteignable d'une traite en 3 à 4 heures, selon l'heure de départ. Le service de train entre Antananarivo et Toamasina, qui s'arrêtait à Andasibe, n'est plus opérationnel aujourd'hui ; néanmoins, au jour de la rédaction de ce texte (septembre 2022), le train de voyageurs reliant Moramanga à Brickaville (Ampasimanolotra) est opérationnel et dessert ainsi la gare d'Andasibe. Le bureau principal de Madagascar National Parks se trouve à environ 2 km au sud du village d'Andasibe, sur la route secondaire depuis la RN2 et juste en face de l'entrée principale de l'aire protégée d'Analamazaotra.

Infrastructures locales : Les infrastructures de gestion de Madagascar National Parks se limitent au bureau administratif principal, situé en face de l'entrée du parc d'Analamazaotra, qui dirige les Parcs Nationaux de Mantadia et d'Analamazaotra. Pour les visiteurs souhaitant entrer dans le parc dès l'ouverture officielle à 8 h pour une visite matinale, lorsque les animaux diurnes sont les plus actifs, il est suggéré de passer la nuit dans un hôtel à Andasibe ou dans les environs.

L'accueil des visiteurs, à l'entrée principale de l'aire protégée, s'organise au centre d'interprétation, qui comprend : ecoshop, salle de projection, musée, restaurant et toilettes (Figure 17). Une offre variée

between 14.5°C (58.1°F) and 23.6°C (74.5°F). The warm season falls between December and February, with peak temperatures over 29.2°C (84.6°F), and the cold season between June and August, with average temperatures being distinctly lower. The other months of the year are those of transition between these two seasons. Mean annual rainfall is around 1530 mm (60.2 inches), 74% falls between November and April. The **ideal period for a visit is between November and January**, when in general animal activity reaches a maximum and many plants are in flower or fruit.

The majority of Analamazaotra rests on igneous rock and soils are highly weathered, acidic, and with relatively high abundance of iron and aluminum.

Legal aspects: Creation – under Order No. 2778/MAER/SEGREF/FOR of 21 July 1970; status change – two parcels of the former Station Forestière d'Analamazaotra and la Réserve de faune pour Indris existing since 1970 (Order No. 2778/MAER/SEGREF/FOR) make up the national park created in 2015, based on Decree No. 2015-732 of 21 April 2015.

Access: Local place names in and around the protected area may seem complicated to some visitors and here are a few explanations. Analamazaotra is derived from the name of the local forest and the small river that flows though the protected area; Périnet was previously used as the village name, being derived from Henri Périnet, one of the principal engineers in the construction of the railway

d'hébergements et de restaurants existe à Andasibe et dans un rayon de quelques kilomètres autour d'Analamazaotra. Deux sites de camping ont été aménagés à l'entrée du site (10 tentes abris, deux grandes tentes pour groupes ou chercheurs, coin-cuisine, abri-repas et sanitaires) (Figure 18) ; l'un des sites de camping est en cours de reconstruction après avoir été endommagé par un cyclone au début de 2022. Dans le parc d'Analamazaotra, le réseau de quatre circuits touristiques totalise 13 km parsemés d'aires de repos/pique-nique et de points de vue : circuit Indri I, long de 2,5 km ; circuit Indri II, long de 4,5 km ; circuit Aventure, long de 7,9 km ; et circuit Anivokely, long de 1 km.

Aspects culturels : Bien que le gestionnaire du site n'ait relaté aucun fait culturel propre à Analamazaotra, cette aire protégée remplit une fonction patrimoniale importante. En effet, le site est continuellement visité par les écotouristes ; ainsi, avant la crise du Covid-19, on comptait environ 26 000 visiteurs par année, dont 5500 (environ 20 %) étaient Malagasy. Ainsi, le parc joue un rôle clé en permettant aux citoyens Malagasy de découvrir et de prendre conscience de leur patrimoine naturel, une étape cruciale pour contribuer au « reverdissement » de Madagascar. Bon nombre de visiteurs nationaux sont des étudiants, écoliers, lycéens ou universitaires, ce qui contribue à l'information des jeunes générations de la société Malagasy. La sensibilisation aux écosystèmes naturels et leur biodiversité auprès des visiteurs, nationaux comme internationaux, à travers les visites en forêt, les informations apportées par

and the train station; and Andasibe being synonymous with the village of Périnet is derived from the Malagasy and meaning "place of extended stays", named after the former nearby forest camps, associated with the construction of the railway and other regional infrastructure and forest exploitation.

Analamazaotra is easily accessible by road from the village of Andasibe, located 30 km (18.6 miles) to the east of Moramanga and just off RN2. The protected area is a straight shot of 145 km (90 miles) east of Antananarivo along RN2, normally taking 3 to 4 hours, depending on the departure time. The previous train service from Antananarivo or Toamasina, which stopped at the Andasibe station, has been discontinued. At the time this text was completed (September 2022) passenger train service was available along this railroad line from Moramanga to Brickaville (Ampasimanolotra), thus serving Andasibe station. The Madagascar National Park office is about 2 km (1.2 miles) south of Andasibe village, on the road joining the RN2, and just across the road from the entrance to the Analamazaotra protected area.

Local infrastructure: Management infrastructure of Madagascar National Parks include the principal administrative office across the road from the Analamazaotra park entrance and responsible for the management of this protected area and Mantadia. For visitors wishing to enter Analamazaotra when it opens at 8 a.m. for morning visits, the period most diurnal animals are active, it is

Figure 17. A l'entrée de l'aire protégée d'Analamazaotra se trouve un centre d'interprétation et un musée qui propose des expositions sur la région, son écologie et des informations détaillées sur la flore et la faune locales. (Photo par Madagascar National Parks, Mantadia-Analamazaotra.) / **Figure 17.** At the entrance of the Analamazaotra protected area is an interpretation center and museum that provides informative displays on the region, its ecology, and details on the local flora and fauna. (Photo by Madagascar National Parks, Mantadia-Analamazaotra.)

les guides ou le centre d'interprétation, est une étape clé pour contribuer à la réussite des actions de conservation sur l'île-continent. De plus, l'afflux de nombreux visiteurs, nationaux et internationaux, dans la région d'Andasibe contribue de manière appréciable à l'économie locale, donc à la valorisation du patrimoine naturel forestier, à travers l'hébergement dans les hôtels et restaurants et l'engagement des guides locaux.

Il existe diverses fables quant à l'origine du nom du lémurien-phare local *Indri indri* (Indri) ou *babakoto* en Malagasy, c'est-à-dire le « père de Koto ». Il est vivement suggéré aux

suggested to spend the night at hotels in and around Andasibe.

Tourist facilities within the protected area and at the park entrance include an interpretation building with a reception center (ecoshop, projection room, museum, restaurant, and toilets) (Figure 17). A range of accommodations and restaurants can be found in close proximity to Andasibe and within a few kilometers of Analamazaotra. Two camping sites have been constructed close to the site entrance (10 tent shelters, two large tents for researchers or groups, sanitary facilities, kitchen

Figure 18. Près de l'entrée du Parc National d'Analamazaotra se trouve un site de camping qui offre un excellent endroit pour passer la nuit. (Photo par Madagascar National Parks, Mantadia-Analamazaotra.) / **Figure 18.** Close to the entrance of the Analamazaotra National Park is a camping site that provides an excellent place to overnight. (Photo by Madagascar National Parks, Mantadia-Analamazaotra.)

visiteurs de demander à leur guide de leur raconter le récit qui relate l'histoire de ce lémurien et l'origine de son nom, et qui témoigne ainsi des liens si particuliers des habitants avec la forêt et certains tabous locaux (*fady* en Malagasy) envers la faune.

Flore & végétation : Malgré son accès aisé par route et les nombreux hébergements à proximité directe du site, il est surprenant que la végétation d'Analamazaotra n'ait pas été étudiée en détail, bien que cette aire protégée soit bien documentée d'un point de vue floristique grâce à des récoltes botaniques exhaustives. Situé dans une région au climat humide et frais, sans saison sèche marquée, le site abrite des forêts

area, and catering) (Figure 18); one of the sites is currently being rebuilt after experiencing cyclone damage in early 2022. Within the Analamazaotra protected area there are **four tourist trails** (Figure 14) for a total distance of 13 km and with occasional resting / picnic areas and look-out points: circuit Indri I, 2.5 km [1.6 miles]; circuit Indri II, 4.5 km [2.8 miles]; circuit Aventure, 7.9 km [4.9 miles]; and circuit Anivokely, 1.0 km [0.6 miles].

Cultural aspects: While the site manager did not indicate any local cultural aspect of the protected area, it serves another critical patrimonial function. Analamazaotra is regularly visited by ecotourists, which in the

denses humides sempervirentes de moyenne altitude. Dans les années 1920, plusieurs décennies avant de devenir une aire protégée, la forêt a fait l'objet d'une exploitation forestière sélective ; aujourd'hui, ces pressions sont quasi absentes, mais des traces d'anciennes coupes sont encore visibles par la structure perturbée des strates et du couvert forestier. La forêt a une canopée irrégulière entre 20 et 30 m de haut. Les familles et les genres les plus représentés sont (par ordre décroissant) : les Lauraceae (*Cryptocarya* et *Ocotea*), les Clusiaceae (*Garcinia* et *Symphonia*), les Rubiaceae (nombreux genres), les Myrtaceae (*Syzygium*), les Euphorbiaceae et Phyllanthaceae (nombreux genres), les Salicaceae (*Homalium* et *Scolopia*), Anacardiaceae (*Abrahamia* et *Micronychya*), les Sapindaceae (*Tina*) et les Sapotaceae (*Gambeya boiviniana*, *Faucherea*, *Labramia* et *Capurodendron*). Dans les zones de forêt non perturbée, le sous-bois est relativement ouvert, tandis que dans les zones sujettes à diverses perturbations (p.ex. cyclones), on y trouve des peuplements de bambous relativement denses.

Du côté floristique, sur la base d'une étude réalisée en 2018, la flore de l'aire protégée compte 1125 espèces de plantes, dont 1099 (près de 98 %) sont indigènes et 843 (77 %) endémiques à Madagascar. Cette prodigieuse diversité sur une zone si restreinte s'explique par le fait que de nombreux botanistes ont collecté des échantillons au fil des décennies, y compris ceux récoltés lorsque le site était encore une Station forestière. Le site voisin, Mantadia, compte moins

period before the Covid-19 crisis amounted to about 26,000 individuals annually, of which 5500 (about 20%) were Malagasy. It plays a key role for Malagasy citizens to learn about their natural patrimony, a critical step for advancing the "greening" of Madagascar, and many of the national visitors are students (primary, secondary, and university); hence, helping to inform a younger portion of Malagasy society. Awareness of the natural environment and the constituent organisms for national and international visitors via forest visits, information from guides, and the park's interpretation center, is a solid step for advancing conservation actions on this island nation. In addition, the influx of the large number of national and international visitors to the Andasibe area, including those resting in hotels and eating in restaurants, as well as the engagement of local guides, helps in a measurable way to support the local economy and, in turn, a major boost in giving a monetary value to the regional forests.

There are numerous local variations as to the history for the name of the local flagship species of lemur *Indri indri* (Indri) or *babakoto* in Malagasy, which translates to the "father of Koto". We suggest asking your local guide to explain the history of this name and the origin of this animal, which provides important insight into the relationship of people living around the forest and certain local taboos (*fady* in Malagasy) concerning wildlife.

Flora & vegetation: Given its easy road access and local regional infrastructure, it is surprising that the

Figure 19. *Bulbophyllum sandrangatense* (Orchidaceae) cultivée *in situ*, une espèce d'orchidée endémique locale. (Photo par Simon Verlynde.) / **Figure 19.** *Bulbophyllum sandrangatense* (Orchidaceae) cultivated *in situ*, a local endemic species. (Photo by Simon Verlynde.)

de 400 espèces de plantes malgré une surface 18 fois plus étendue ; cette différence s'explique par un niveau de prospection botanique bien moindre. La flore d'Analamazaotra inclut des éléments forestiers typiques et répandus des forêts denses humides sempervirentes, ainsi que des espèces endémiques à la région de Moramanga, telles que les orchidées *Angraecum letouzeyi* et *Bulbophyllum sandrangatense* (Figure

vegetation of Analamazaotra has not been studied in detail, although from the floristic side it has been the subject of extensive plant collecting. Situated in a cool, humid region lacking a pronounced dry season, this site is composed of medium altitude moist evergreen forest. In the 1920s, many decades before becoming a protected area, the local forest was the subject of selective logging, but today such pressures are largely non-existent, although signs of this previous disturbance are still evident in the local vegetation structure.

The forest canopy height is irregular, between 20 and 30 m (66 and 98 feet) tall. The most diverse families and associated genera are (in decreasing order) Lauraceae (*Cryptocarya* and *Ocotea*), Clusiaceae (*Garcinia* and *Symphonia*), Rubiaceae (many genera), Myrtaceae (*Syzygium*), Euphorbiaceae and Phyllanthaceae (many genera), Salicaceae (*Homalium* and *Scolopia*), Anacardiaceae (*Abrahamia* and *Micronychya*), Sapindaceae (*Tina*), and Sapotaceae (*Gambeya boiviniana*, *Faucherea*, *Labramia*, and *Capurodendron*). In areas of non-disturbed forest, the understory is relatively open, while in other portions the subject of some form of perturbation (such as cyclones) one can find relatively dense stands of bamboo.

From the floristic side, based on a summary from 2018, the protected area is known to have 1125 species of plants, 1099 (nearly 98%) of which are native, and of these 843 species (77%) are endemic to Madagascar. This very high diversity in such a small area is

19) (Orchidaceae), ainsi que d'autres espèces rares. **Treize espèces de plantes ne sont connues qu'à Analamazaotra**. Au total, 102 espèces ne sont connues qu'à Analamazaotra et quatre autres sites (au plus) à Madagascar, la plupart limitées à la région de Moramanga. Deux familles de plantes endémiques à Madagascar sont présentes à Analamazaotra : les Physenaceae et les Sarcolaenaceae.

Faune : Malgré une surface de seulement 875 ha, Analamazaotra présente une diversité remarquable en invertébrés (Figure 20) et vertébrés terrestres, dont des amphibiens, des reptiles, des oiseaux et des lémuriens (Tableau B, Figures 21 & 22). Mantadia, l'aire protégée adjacente, présente une diversité animale bien moindre qu'Analamazaotra malgré une surface beaucoup plus étendue ; ce constat paradoxal résulte manifestement d'une fréquentation plus importante des scientifiques et écotouristes à Analamazaotra, et ce déjà avant son classement officiel en aire protégée. Cette disparité de niveaux de biodiversité entre les deux sites démontre l'importance d'efforts constants en recherches sur le terrain, associées à des études systématiques détaillées et souligne l'apport complémentaire des naturalistes pour documenter la biodiversité et établir des listes d'espèces aussi représentatives de la réalité que possible.

La situation géographique d'Analamazaotra (anciennement appelé Périnet), à la confluence de différentes étages altitudinaux et zones biogéographiques, expliquerait cette considérable richesse en espèces locales ; d'ailleurs, ce

associated with numerous botanists over the years collecting plants at the site, including the period it was still a forestry station. The fact that Mantadia has so many fewer known plant species, less than 400, but 18x times larger is simply related to differences in the level of botanical exploration. The flora of Analamazaotra contains typically widespread moist evergreen forest elements, as well as species endemic to the Moramanga area, such as the orchids *Angraecum letouzeyi* and *Bulbophyllum sandrangatense* (Figure 19) (Orchidaceae), and other rare species. **Thirteen plant species are only known to occur in Analamazaotra**. In total, 102 species are documented from Analamazaotra and no more than four other localities; many are restricted to sites in the general Moramanga area. Members of two of Madagascar's endemic plant families are present at Analamazaotra: Asteropeiaceae and Sarcolaenaceae.

Fauna: This site of less than 875 hectares has for its size remarkable levels of terrestrial invertebrate (Figure 20) and vertebrate species diversity, including amphibians, reptiles, birds, and lemurs (Table B, Figures 21 & 22). When compared to the adjacent Mantadia protected area, which is much greater in size than Analamazaotra, the latter has distinctly greater species diversity. This incongruence is certainly the result of the number of scientists and ecotourists visiting Analamazaotra each year, including before its designation as a protected area. Further, this lack of equality in measures of species diversity

Figure 20. Madagascar possède une faune d'araignées très riche avec plus de 770 espèces décrites. Ici *Megaloremmius leo* (Sparassidae) photographiée dans l'aire protégée d'Analamazaotra, une espèce présente ailleurs à Madagascar, et connue en malgache sous le nom de *foka*. Bien qu'elle soit redoutée par les populations locales, l'araignée est totalement inoffensive. (Photo par Chien Lee.) / **Figure 20.** Madagascar has a very rich spider fauna and with over 770 name species. Here is illustrated one spider species, *Megaloremmius leo* (Sparassidae) found in the Analamazaotra protected area, as well as elsewhere on the island, and known in Malagasy as *foka*. Although local people fear it, the spider is completely harmless. (Photo by Chien Lee.)

phénomène a été dénommé « effet Périnet ». Une autre interprétation serait l'accès aisé d'Analamazaotra, par rapport à d'autres sites comme Mantadia, qui a permis de nombreuses visites du site par les scientifiques et les naturalistes depuis plus de 100 ans, contribuant ainsi à une documentation exhaustive de sa faune.

Analamazaotra compte deux espèces micro-endémiques d'amphibiens (*Boophis feonnyala* et *Stumpffia obscoena*), toutes deux vraisemblablement présentes également à Mantadia, et un serpent

between the two sites highlights the importance of regular fieldwork related to biodiversity, including detailed systematic studies and the complementary role of naturalists to document biodiversity, to produce something approaching complete species lists.

There is evidence that the geographical position of Analamazaotra (formerly referred to as Périnet), being bounded by different biogeographic zones and altitudinal ranges, might explain the local high species richness; this aspect has been

Figure 21. Analamazaotra compte 63 espèces de grenouilles répertoriées, ce qui est considérable étant donné sa superficie réduite, dont *Boophis tasymena* illustrée ici (Mantellidae). Le nom de l'espèce est dérivé du malgache, *tasy* signifiant taches et *mena*, rouge. (Photo par Chien Lee.) / **Figure 21.** Analamazaotra has 63 documented species of frogs, which is considerable given its small size. One of the locally occurring species is *Boophis tasymena* (Mantellidae). The species name is derived from the Malagasy, with *tasy* meaning spots and *mena* the color red. (Photo by Chien Lee.)

aveugle (*Madatyphlops andasibensis*, Figure 22) considéré comme micro-endémique d'Analamazaotra jusqu'à sa récente découverte à Mantadia lors d'un inventaire biologique en 2022.

Un attrait majeur du site pour les écotouristes est le lémurien *Indri indri* (Indri), l'animal-phare d'Analamazaotra, facile à observer de près et dont les cris mélancoliques déclenchent une réaction émotionnelle quasi-primitive chez l'humain ; la première rencontre avec cet animal est une expérience absolument inoubliable. Deux espèces de lémuriens ont été récemment réintroduites, après leur disparition

referred to as the "Périnet effect". Another explanation might be the easy access to the site and the considerable number of scientists and naturalists visiting since well over 100 years have done a good job in documenting the local fauna, as compared to some other regional sites such as Mantadia.

Analamazaotra has two local endemic species of amphibians (*Boophis feonnyala* and *Stumpffia obscoena*) and a blind snake (*Madatyphlops andasibensis*, Figure 22); this latter species was previously thought to be restricted to the protected area but was found in early

du site, à partir d'animaux provenant de l'aire protégée voisine Mantadia : *Propithecus diadema* (Propithèque à diadème) et *Varecia variegata* (Vari noir et blanc).

Analamazaotra et les zones forestières voisines abritent une diversité considérable de lémuriens nocturnes, des créatures insolites à ne pas manquer, ainsi qu'un éventail d'invertébrés et de vertébrés qui peuvent être observés la nuit. Pour différentes raisons, les entrées de nuit ne sont pas autorisées dans les sites gérés par Madagascar National Parks, mais des visites nocturnes peuvent être organisées dans la Réserve de Mitsinjo (une parcelle de l'ancienne Station forestière d'Analamazaotra), dont le bureau se trouve juste en face de l'entrée du Parc National (voir https://associationmitsinjo.wordpress.com/ pour plus de détails). De nombreux guides locaux sont de véritables experts pour repérer et identifier les animaux nocturnes. Il est vivement recommandé de se munir d'une lampe frontale ou d'une lampe-torche pour cette formidable expérience.

Analamazaotra est un véritable paradis pour l'observation des oiseaux, en particulier certaines espèces endémiques vedettes, dont trois espèces de couas (*Coua caerulea* - Coua bleu ; *Coua reynaudii* - Coua de Reynaud ; *Coua serriana* - Coua de Serrès), quatre espèces de rolliers terrestres (*Atelornis crossleyi* - Brachyptérolle de Crossley ; *Atelornis pittoides* - Brachyptérolle pittoïde, Figure 23 ; *Brachypteracias leptosomus* - Brachyptérolle leptosome ; *Geobiastes squamigerus* - Brachyptérolle écaillé, Figure 11), huit

2022 during a biological inventory of Mantadia. The two frogs presumably occur in Mantadia, but this needs confirmation with further field surveys.

A great interest at Analamazaotra for ecotourists is the presence of *Indri indri* (Indri), a local flagship species, which are easily viewed notably close-up and their wailing vocalizations heard, conjuring up for many people a sort of primordial emotion. In short, an encounter with these animals is simply a memorable experience. In recent years, two species of lemur were reintroduced to the site after their local extirpation, most individuals coming from the neighboring Mantadia protected area, and include *Propithecus diadema* (Diademed Sifaka) and *Varecia variegata* (Variegated Black-and-white Ruffed Lemur).

Analamazaotra and neighboring forested areas have a considerable diversity of nocturnal lemurs and visitors should not miss out seeing these remarkable creatures, as well as an array of other invertebrates and vertebrates that can be observed at night. For different reasons nocturnal entry into sites managed by Madagascar National Parks are not allowed, but such visits can be organized in the Mitsinjo Reserve (part of the former Analamazaotra Forestry Station), the office of which is just across the road from the entrance of the Analamazaotra National Park (see https://associationmitsinjo.wordpress.com/ for further details). Numerous local guides are real experts at spotting and identifying nocturnal animals. Best to bring along a headlamp or flashlight

Figure 22. L'aire protégée d'Analamazaotra présente une diversité considérable de reptiles, avec 60 espèces répertoriés à ce jour, dont un serpent aveugle *Madatyphlops andasibensis* (Typhlopidae), qui était jusqu'à récemment considéré comme une espèce micro-endémique du parc. Mais cette espèce a été capturée début 2022 lors d'un inventaire biologique de Mantadia, où cette image a été prise. Ceci permet de souligner l'importance de recherches et inventaires continus dans les zones forestières restantes de Madagascar pour mieux documenter la distribution des taxons endémiques de l'île. (Photo par Achille P. Raselimanana.) / **Figure 22.** The Analamazaotra protected area has a considerable diversity of reptiles, with 60 species recorded to date, including a blind snake *Madatyphlops andasibensis* (Typhlopidae), which was until recently considered a microendemic to the park. However, it was captured in early 2022 during a biological inventory of Mantadia, where this image was taken. This is another case of underlining the importance of continued biological research and inventories in the remaining forested areas of Madagascar to better document the distribution of the island's endemic taxa. (Photo by Achille P. Raselimanana.)

Figure 23. Le Brachypterolle pittoïde, *Atelornis pittoides*, est l'une des quatre espèces de la famille des Brachypteraciidae connues à Analamazaotra ; cette famille est endémique de Madagascar. (Photo par Jan Pedersen.) / **Figure 23.** The Pitta-like Ground-roller, *Atelornis pittoides*, is one of four species in the family Brachypteraciidae known from Analamazaotra; this family is endemic to Madagascar. (Photo by Jan Pedersen.)

espèces de la famille endémique des Bernieridae uniques à Madagascar, et 15 espèces étonnantes de la famille quasi endémique des Vangidae, dont une espèce (*Cyanolanius madagascarinus* – Artamie azurée) est également présente aux Comores.

(torch) if you wish to take part in this activity, which is a great experience.

Analamazaotra is a bird watching paradise and some of the highlights for endemics include three species of couas (*Coua caerulea* or Blue Coua, *Coua reynaudii* or Red-fronted Coua, and *Coua serriana* or Red-breasted Coua), four species of ground-rollers (*Atelornis crossleyi* or Rufous-headed Ground-Roller, *Atelornis pittoides* or Pitta-like Ground-roller (Figure 23), *Brachypteracias leptosomus* or Short-legged Ground-roller, and *Geobiastes squamigera* or Scaly Ground-roller,

Figure 24. Malgré sa surface réduite, Analamazaotra possède une faune de lémuriens riche avec 12 espèces, dont deux réintroduites récemment après leur disparition du site. Cette photo montre le Microcèbe de Goodman, *Microcebus lehilahytsara* (Cheirogaleidae). (Photo par Chien Lee.) / **Figure 24.** For its size, Analamazaotra has a considerable lemur fauna, with 12 species, two of which have been reintroduced to the site after their local extirpation. Here is shown Goodman's Mouse Lemur, *Microcebus lehilahytsara* (Cheirogaleidae). (Photo by Chien Lee.)

Certains guides locaux ont des compétences affutées en ornithologie et sont en mesure d'identifier chaque cri ou chant ; une matinée en forêt avec de tels spécialistes sera un enchantement mémorable pour les amateurs d'oiseaux. Il faut impérativement s'enquérir et réserver un tel guide auprès du bureau de Madagascar National Parks la veille de la visite.

Malgré sa surface restreinte, le massif forestier d'Analamazaotra compte 44 espèces de mammifères endémiques, ainsi que cinq espèces introduites. Parmi cette diversité remarquable, on trouve quatre espèces de carnivores, 12 espèces de chauves-souris et 12

Figure 11), eight members of the family Bernieridae unique to Madagascar, and an astounding 15 species of the family Vangidae, one species (*Cyanolanius madagascarinus* or Blue Vanga) also occurs in the Comoro Islands. A number of park guides have considerable capacity to identify birds based on calls, and a morning in the forest with such a local ornithologist will be an unforgettable occasion for bird enthusiasts. Best to ask at the Madagascar National Parks office for such a guide and organize the reservation a day in advance of the visit.

For such a small block of forest, Analamazaotra has 44 species of

espèces de lémuriens (Figure 24), toutes endémiques.

Compte tenu de la documentation historique et conséquente de la biodiversité du site, cette aire protégée présente un intérêt scientifique remarquable pour la poursuite de recherches et de suivis écologiques susceptibles de détecter les indices de potentiels changements dus, par exemple, à la pression touristique ou au changement climatique.

Enjeux de conservation : Actuellement, peu de pressions humaines sont exercées sur les écosystèmes forestiers restants du Parc National d'Analamazaotra, bien que sa périphérie souffre de diverses dégradations, principalement l'agriculture itinérante sur brûlis (*tavy en Malagasy*) (Figure 25) et, dans une moindre mesure, l'exploitation sélective de bois précieux. Historiquement, la région a fait l'objet d'une déforestation massive, en partie durant la construction de la ligne ferroviaire Tananarive - Côte Est au début du XXème siècle, qui a nécessité d'innombrables traverses de chemin de fer et d'importante quantité de bois de chauffe pour alimenter les locomotives à vapeur. Au cours de la même période dans la région d'Andasibe, une immigration humaine considérable associée à une pression croissante sur les zones forestières a eu lieu.

Aujourd'hui, la pression la plus importante à l'intérieur du parc est la dégradation du réseau pédestre due aux milliers de visiteurs, comme en témoigne la destruction de la végétation en bordure et l'érosion partielle des sentiers. Pourtant, ce problème reste

mammals, all endemic to the island, as well as five introduced species. This remarkable diversity includes four species of endemic carnivorans, 12 species of bats, and 12 species of lemurs (Figure 24).

Given the extensive historical data on local biodiversity, Analamazaotra is of considerable interest and importance for continued research and ecological monitoring to provide insights on local biotic changes through time such as, for example, high tourist visitation rates and climatic change.

Conservation challenges: Currently, little in the way of human pressure is exerted on the remaining forest ecosystems within the Analamazaotra National Park, although the area surrounding the site suffers from different forms of degradation, mostly a form of swidden agriculture (*tavy* in Malagasy) (Figure 25), and to a lesser extent the selective removal of hardwoods. Historically, the region was the subject of large-scale deforestation at least in part associated with the construction of the Tananarive-Côte Est rail system at the start of the 20th-century, which required railroad ties and a massive amount of wood to fuel the steam engines. Further, during this period there was considerable human immigration in and around the Andasibe area and increased associated stresses on forested areas.

Today, the most important pressure within the park is the impact of thousands of annual visitors on the trail system, which leads to reduction of vegetation, widening of trails, and small-scale soil erosion. Renovation of

Figure 25. La zone périphérique d'Analamazaotra souffre d'une déforestation importante liée à l'agriculture sur brûlis (*tavy* en Malagasy), un problème évident sur cette photo prise à la limite de l'aire protégée. (Photo par Jan Pedersen.) / **Figure 25.** The peripheral zone of Analamazaotra suffers from deforestation and associated swidden agriculture (*tavy* in Malagasy), a problem evident in this image taken at the protected area boundary. (Photo by Jan Pedersen.)

maîtrisable et la réhabilitation des sentiers est actuellement conduite par Madagascar National Parks. Néanmoins, la pression touristique exerce un impact positif considérable sur l'économie locale, à travers le guidage, les hôtels et les restaurants. A l'intérieur et sur les lisières forestières d'Analamazaotra, diverses plantes introduites, désormais envahissantes, deviennent problématiques.

Dans le parc, on trouve un centre de recherche pour l'élevage de poissons endémiques et exotiques sous la direction d'une organisation gouvernementale, le FOFIFA, *Foibempirenena momba ny Fikarohana ampiharina amin'ny Fampandrosoana*

the trail system is an ongoing process by Madagascar National Parks and the problem is easily controllable. On the other side, the influx of ecotourists has a large-scale positive influence on the local economy at the level of guides, hotels, and restaurants. In the peripheral area of the park and at the forest edge, several introduced invasive plant species are problematic.

Within Analamazaotra, there is a research center for raising endemic and introduced fish and under the direction of an organization known as FOFIFA, which stands for *Foibempirenena momba ny Fikarohana ampiharina amin'ny Fampandrosoana*

ny eny Ambanivohitra ou, en français, Centre National de la Recherche Appliquée au Développement Rural. Au cours des dernières décennies, les bassins piscicoles ont été inondés, à plusieurs reprises, à la suite d'épisodes pluvieux cycloniques et les poissons ont été emportés dans les ruisseaux et rivières avoisinants ; c'est un problème notable pour les poissons endémiques de la région qui sont chassés ou concurrencés par les espèces introduites.

Il n'y a pas d'infrastructure de conservation spécifique (tour de guet ou pare-feu) dans l'aire protégée. Le site dispose d'une zone de restauration et quelques pépinières villageoises ont été installées. Il n'y a pas de facilités de recherche spécifiques dans le parc, mais des campements scientifiques temporaires furent établies à l'occasion d'inventaires dans l'aire protégée.

L'impact du changement climatique, un problème qui affecte l'ensemble de Madagascar, s'exprime localement à Analamazaotra par une augmentation des épisodes secs, atteignant 20 jours successifs au cœur de la saison des pluies, et qui se traduit par une diminution de la pluviométrie annuelle de 184 mm entre 1985 et 2014, soit environ 0,5 % par an. La température moyenne maximale a augmenté de 0,8 °C durant cette même période, alors que la température moyenne minimale n'a pas significativement augmenté. L'impact, à moyen et à long terme, des changements climatiques sur les habitats et la biodiversité de l'aire protégée est encore incertain.

ny eny Ambanivohitra or in English National Center for Applied Research in Rural Development. On several occasions over the past decades and after massive rainfall associated with cyclones, the fish breeding ponds flooded and the fish washed into the local streams and rivers. This poses certain problems for endemic local fishes being predated upon or out competed by introduced fish.

There is no specific conservation infrastructure within the protected area (such as observation towers or firebreaks). The site has a restoration area and some village nurseries have been set up. There is no specific research facility, but scientific camps have been installed on occasion in the forest.

With regards to climate change, which is a general problem across Madagascar, between 1985 and 2014, there was no significant augmentation in the average minimum daily temperature in Analamazaotra, while the average maximum temperature increased by 0.8°C (33.4°F). During this period, dry episodes of up to 20 days occurred at the height of the rainy season, and precipitation decreased by about 0.5% annually, or around -184 mm (-7.2 inches). It is unclear what impact these climatic changes will have in the medium and long term on the protected area's biota.

Avec les contributions de / With contributions from: L. D. Andriamahefarivo, A. H. Armstrong, C. Barnes, K. Behrens, B. Crowley, R. Dolch, C. Domergue, L. Gautier, F. Glaw, S. M. Goodman, H. Hoogstraal, K. L. Lange, O. Langrand, E. E. Louis, Jr., P. P. Lowry II, Madagascar National Parks, M. E. McGroddy, M. E. Nicoll, L. Nusbaumer, P. B. Phillipson, M. J. Raherilalao, C. L. Rakotomalala, M. L. Rakotondrafara, F. Rakotondraparany, B. Ramasindrazana, L. Y. A. Randriamarolaza, A. P. Raselimanana, H. Rasolonjatovo, F. S. Razanakiniana, A. B. Rylands, J. Sparks, V. Soarimalala, R. W. Storer, M. Vences, S. Verlynde, L. Wilmé, and S. Wohlhauser.

Tableau B. Liste des vertébrés terrestres connus d'Analamazaotra. Pour chaque espèce, le système de codification suivant a été adopté : un astérisque (*) *avant* le nom de l'espèce désigne un endémique malgache ; les noms scientifiques en **gras** désignent les espèces strictement endémiques à l'aire protégée ; les noms scientifiques soulignés désignent des espèces uniques ou relativement uniques au site ; un plus (+) *avant* un nom d'espèce indique les taxons rentrant dans la catégorie Vulnérable ou plus de l'UICN ; un [1] *après* un nom d'espèce indique les taxons introduits ; un [2] *après* un nom d'espèce indique qu'il a été réintroduit sur le site après sa disparition locale ; et les noms scientifiques entre parenthèses nécessitent une documentation supplémentaire. Certains animaux répertoriés, par exemple *Oryzorictes* cf. sp. nov. B, ne sont pas décrits. Pour certaines espèces de grenouilles, les noms des sous-genres sont entre parenthèses. / **Table A.** List of the terrestrial vertebrates known from Analamazaotra. For each species entry the following coding system was used: an asterisk (*) *before* the species name designates a Malagasy endemic; scientific names in **bold** are those that are strictly endemic to the protected area; underlined scientific names are unique or relatively unique to the site; a plus (+) *before* a species name indicate taxa with an IUCN statute of at least Vulnerable or higher; [1] *after* a species name indicates it is introduced to the island; [2] *after* a species name indicates that this endemic form was reintroduced to the site after its local extirpation; and scientific names in parentheses require further documentation. Certain listed animals, for example *Oryzorictes* cf. sp. nov. B, are undescribed. For certain species of frogs, the subgenera names are presented in parentheses.

Amphibiens / amphibians, n = 63

*Heterixalus betsileo
*Heterixalus punctatus
*Boophis (Boophis) albilabris
*Boophis (Boophis) albipunctatus
*+<u>Boophis (Boophis) boehmei</u>
*Boophis (Boophis) bottae
*Boophis (Boophis) burgeri
+Boophis (Boophis) feonnyala***
*Boophis (Boophis) goudoti
*Boophis (Boophis) luteus
*Boophis (Boophis) madagascariensis
*Boophis (Boophis) picturatus
*Boophis (Boophis) pyrrhus
*Boophis (Boophis) rappiodes
*Boophis (Boophis) sibilans
*Boophis (Boophis) tasymena

*Boophis (Boophis) viridis
*Boophis (Sahona) guibei
*Boophis (Sahona) idae
*Boophis (Sahona) pauliani
*Boophis (Sahona) tephraeomystax
*Aglyptodactylus madagascariensis
*Blommersia blommersae
*Blommersia grandisonae
*Blommersia sarotra
*+<u>Gephyromantis (Duboimantis) cornutus</u>
*Gephyromantis (Duboimantis) moseri
*Gephyromantis (Duboimantis) sculpturatus
*Gephyromantis (Gephyromantis) boulengeri
*+<u>Gephyromantis (Gephyromantis) eiselti</u>

*Gephyromantis (Laurentomantis)
  malagasius
*Guibemantis (Guibemantis) depressiceps
*Guibemantis (Guibemantis) tornieri
*Guibemantis (Pandanusicola)
  flavobrunneus
*Guibemantis (Pandanusicola) liber
*Guibemantis (Pandanusicola) pulcher
*Mantidactylus (Brygoomantis) betsileanus
*Mantidactylus (Chonomantis) albofrenatus
*Mantidactylus (Chonomantis)
  melanopleura
*Mantidactylus (Chonomantis) opiparis
*Mantidactylus (Chonomantis) zipperi
*Mantidactylus (Hylobatrachus) lugubris
*Mantidactylus (Mantidactylus) grandidieri
*Mantidactylus (Ochthomantis) femoralis
*Mantidactylus (Ochthomantis) mocquardi

*Spinomantis aglavei
*Spinomantis fimbriatus
*Spinomantis peraccae
*Spinomantis phantasticus
Ptychadena mascareniensis
*Platypelis barbouri
*Platypelis grandis
*Platypelis pollicaris
*Platypelis tuberifera
*Plethodontohyla mihanika
*Plethodontohyla notosticta
*Rhombophryne sp.
*Rhombophryne coronata
*Stumpffia edmondsi
*+Stumpffia kibomena
*Stumpffia obscoena
*Paradoxophyla palmata
*+Scaphiophryne marmorata

Reptiles / reptiles, n = 60

Pelusios subniger
*+Brookesia ramanantsoai
*Brookesia superciliaris
*Brookesia therezieni
*Brookesia thieli
*Calumma brevicorne
*Calumma crypticum
*Calumma emelinae
*Calumma gastrotaenia
*Calumma malthe
*(Calumma nasutum)
*Calumma parsonii
*Furcifer lateralis
*Furcifer willsii
*Ebenavia robusta
Gehyra mutilata
*+Lygodactylus bivittis
*Lygodactylus guibei
*Lygodactylus miops
*Paroedura gracilis
*+Phelsuma flavigularis
*Phelsuma lineata
*Phelsuma madagascariensis
*Phelsuma pusilla
*Phelsuma quadriocellata
*Uroplatus phantasticus
*Uroplatus sikorae
*Zonosaurus aeneus
Zonosaurus madagascariensis
*Zonosaurus ornatus

*Amphiglossus astrolabi
*Brachyseps macrocercus
*Flexiseps crenni
*(Flexiseps melanurus)
*Flexiseps ornaticeps
*Madascincus melanopleura
*Madascincus mouroundavae
*(Madascincus nanus)
*Trachylepis boettgeri
*Trachylepis gravenhorstii
*Sanzinia madagascariensis
*Compsophis boulengeri
*Compsophis infralineatus
*Compsophis laphystius
*+Compsophis vinckei
*Elapotinus picteti
*Ithycyphus perineti
*Liophidium torquatum
*Liopholidophis baderi
*Liopholidophis sexlineatus
*Madagascarophis colubrinus
*Micropisthodon ochraceus
*Phisalixella arctifasciata
*Pseudoxyrhopus microps
*Pseudoxyrhopus quinquelineatus
*Pseudoxyrhopus tritaeniatus
*Thamnosophis epistibes
*Thamnosophis infrasignatus
*Thamnosophis lateralis
*Madatyphlops andasibensis

Oiseaux / birds, n = 135

*+Tachybaptus pelzelnii
Tachybaptus ruficollis
Phalacrocorax africanus
Anhinga melanogaster
Ardea alba
Ardea cinerea
Ardea purpurea
+Ardeola idae
Ardeola ralloides

Bubulcus ibis
Butorides striata
Egretta ardesiaca
Egretta garzetta
Nycticorax nycticorax
Scopus umbretta
*Lophotibis cristata
Anas erythrorhyncha
Anas hottentota

*+*Anas melleri*
Dendrocygna bicolor
Dendrocygna viduata
Accipiter francesiae
*Accipiter henstii
*Accipiter madagascariensis
*Aviceda madagascariensis
*Buteo brachypterus
*+*Eutriorchis astur*
Milvus aegyptius
*Polyboroides radiatus
Falco concolor
Falco eleonorae
Falco newtoni
Falco peregrinus
*Falco zoniventris
*Margaroperdix madagarensis
Numida meleagris
*+*Mesitornis unicolor*
*Turnix nigricollis
Dryolimnas cuvieri
Gallinula chloropus
*Mentocrex kioloides
*+*Rallus madagascariensis*
*Sarothrura insularis
*+*Sarothrura watersi*
Rostratula benghalensis
+Glareola ocularis
Actitis hypoleucos
*+*Gallinago macrodactyla*
*Alectroenas madagascariensis
Oena capensis
Nesoenas picturata
Treron australis
*Agapornis canus
Coracopsis nigra
Coracopsis vasa
Centropus toulou
*Coua caerulea
*Coua reynaudii
*Coua serriana
*Cuculus rochii
Tyto alba
*+*Tyto soumagnei*
*Asio madagascariensis
*Otus rutilus
Caprimulgus madagascariensis
*Gactornis enarratus
Apus balstoni
Tachymarptis melba
Cypsiurus parvus
*Zoonavena grandidieri
Corythornis vintsioides
*Corythornis madagascariensis
Merops superciliosus
Eurystomus glaucurus
*Atelornis crossleyi
*Atelornis pittoides
*+*Brachypteracias leptosomus*

*+*Geobiastes squamigera*
Leptosomus discolor
*Neodrepanis coruscans
*+*Neodrepanis hypoxantha*
*Philepitta castanea
*Eremopterix hova
Phedina borbonica
Riparia paludicola
*Motacilla flaviventris
Coracina cinerea
Hypsipetes madagascariensis
*Copsychus albospecularis
*Monticola sharpei
Saxicola torquata
Terpsiphone mutata
Cisticola cherina
*Neomixis striatigula
*Neomixis tenella
*Neomixis viridis
*Bradypterus brunneus
*Bradypterus seebohmi
*Acrocephalus newtoni
Nesillas typica
*Bernieria madagascariensis
*Cryptosylvicola randrianasoloi
*Hartertula flavoviridis
*Oxylabes madagascariensis
*Randia pseudozosterops
*Xanthomixis cinereiceps
*+*Xanthomixis tenebrosus*
*Xanthomixis zosterops
Cinnyris notatus
Cinnyris sovimanga
Zosterops maderaspatana
*Artamella viridis
*Calicalicus madagascariensis
Cyanolanius madagascarinus
*+*Euryceros prevostii*
*Hypositta corallirostris
*Leptopterus chabert
*Mystacornis crossleyi
*Newtonia amphichroa
*Newtonia brunneicauda
*+*Oriolia bernieri*
*Pseudobias wardi
*Schetba rufa
*Tylas eduardi
*Vanga curvirostris
*Xenopirostris polleni
Dicrurus forficatus
Corvus albus
Acridotheres tristis[1]
*Hartlaubius auratus
*Foudia madagascariensis
*Foudia omissa
Passer domesticus[1]
*Ploceus nelicourvi
*Lepidopygia nana

Tenrecidae - tenrecidés / tenrecs, n = 9

*Hemicentetes semispinosus
*Microgale cowani
*Microgale gymnorhyncha
*Microgale majori
*Nesogale talazaci

*Microgale thomasi
*Oryzorictes cf. sp. nov. B
*Setifer setosus
*Tenrec ecaudatus

Soricidae - musaraignes / shrews, n = 2

Suncus etruscus[1]

Suncus murinus[1]

Nesomyidae - rongeurs / rodents, n = 7

*Brachytarsomys albicauda
*Eliurus minor
*+Eliurus petteri
*Eliurus tanala

*Gymnuromys roberti
*Nesomys audeberti
*Nesomys rufus

Muridae - rongeurs / rodents, n = 2

Mus musculus[1]

Rattus rattus[1]

Chauves-souris / bats, n = 12

*+Pteropus rufus
*Rousettus madagascariensis
*Paremballonura atrata
*Myzopoda aurita
*Chaerephon atsinanana
Mops leucostigma

*Mormopterus jugularis
*Myotis goudoti
*Neoromicia matroka
*Pipistrellus raceyi
*Miniopterus majori
Miniopterus sp.

Eupleridae - carnivore / carnivoran, n = 4

*+Cryptoprocta ferox
*+Eupleres goudotii

*Fossa fossana
*Galidia elegans

Viverridae - carnivore / carnivoran, n = 1

Viverricula indica[1]

Lémuriens / lemurs, n = 12

*+Allocebus trichotis
*Cheirogaleus crossleyi
*+Microcebus lehilahytsara
*Lepilemur mustelinus
*Eulemur fulvus
*+Eulemur rubriventer

*+Hapalemur griseus
*+Varecia variegata[2]
*+Avahi laniger
*+Indri indri
*+Propithecus diadema[2]
*+Daubentonia madagascariensis

NOTES

NOTES / NOTES